基础教育课程创新实践与教师专业发展丛书

微课在教学中的应用

赵 宇 陶淑真 编著

中国科学技术大学出版社

内 容 简 介

本书以微课教学的提出、发展历程、设计特点、使用优势、教学应用、资源制作以及存在问题为主线,通过具体实例,详细地向读者展示了一个鲜活的微课世界。在读者认识微课教学模式、使用微课资源开展教学活动、了解微课资源的组成与制作等方面具有指导作用,并且能够帮助读者解决微课教学中的常见问题,使读者快速掌握微课教学的要领。

本书从中学教学实例出发,希望能在微课教学方面给中学教师带来一些灵感和启发。

图书在版编目(CIP)数据

微课在教学中的应用/赵宇,陶淑真编著. —合肥:中国科学技术大学出版社,2022.2

ISBN 978-7-312-05235-4

Ⅰ. 微… Ⅱ. ①赵…②陶… Ⅲ. 多媒体教学 Ⅳ. G434

中国版本图书馆 CIP 数据核字(2021)第 120157 号

微课在教学中的应用
WEIKE ZAI JIAOXUE ZHONG DE YINGYONG

出版	中国科学技术大学出版社 安徽省合肥市金寨路 96 号,230026 http://press.ustc.edu.cn http://zgkxjsdxcbs.tmall.com
印刷	安徽省瑞隆印务有限公司
发行	中国科学技术大学出版社
经销	全国新华书店
开本	710 mm×1000 mm 1/16
印张	7
字数	145 千
版次	2022 年 2 月第 1 版
印次	2022 年 2 月第 1 次印刷
定价	35.00 元

前　言

随着互联网技术的高速发展，网络已经融入我们每一个人的生活，让我们的生活发生了翻天覆地的变化，知识的摄取方法也不例外。相较于传统的课堂教学，学生更乐意接受新颖、便利的线上教学，这就为微课教学提供了应用基础和广阔空间。

从笨重的台式电脑到便携的笔记本电脑，再到手机等小型移动设备，硬件发展的同时也带动了软件技术的进步，它们为微课教学提供了硬件支持和技术保障。

2012年3月13日，教育部发布了《教育信息化十年发展规划（2011—2020年）》，为贯彻、落实文件精神，全面推动基础信息技术创新应用和教育的均衡发展，一部分学校和社会组织积极深入发掘微课教学在课堂教学创新应用中的有效利用形式，在全国各地大力推广相关典型案例和先进经验。2014年9月1日，教育部教育管理信息中心组织开展了为期3年的"基于微课的翻转课堂教学模式创新应用研究"课题研究，中国教育发展战略学会教育信息化专业委员会承担了具体的研究工作。

受新型冠状病毒肺炎疫情影响，2020年上半年开始，国内各级各类学校都纷纷开展了不同形式的网络教学工作。在疫情期间，笔者所在学校进行了全学科微课教学，亲身体验了微课教学的强大优势：

（1）围绕某一个知识点开展教学活动，微课教学针对性较强，再结合同步练习检测，实现"学、练、考"一体化，可精准突破教学难点。

（2）微课资源的反复利用，可以帮助学生完成预习新知、复习巩固，既可满足绩优生的自主学习，又适合后进生的补差补缺。

（3）通过互联网传播微课资源，极大地扩展了微课教学的辐射范围，使更多的学生能够接触到优质教学资源，有效地促进了教育资源共享和教育平等。

通过多年的微课教学实践，笔者积累了一定的教学经验，总结了一些教学感悟，希望能给读者带来一点启示、一点思路，使读者在微课教学过程中少走一点弯路，能快速地掌握微课教学的方式方法。本书主要内容分为6讲。

第1讲介绍微课教学的产生和发展，微课教学的含义、目标和教学模式以及微课教学资源的组成和要求，明确微课教学资源与网络教学视频的区别，从而引入"如何在教学中融入微课教学"这一问题。微课教学作为科学技术发展的必然产物，我国积极引入、大力发展，已经取得了丰富的实践经验，并产生了良好的应用效果。

第2讲介绍传统教学的一些不足，以及微课应用于教学的巨大优势：关注个体差异,实现共同进步;改变学习媒介,倡导自主学习;改变教授方式,活跃课堂氛围;分解学科知识,降低学习难度;化抽象为具体,化微观为可视;优化科学实验,提升实验能力;课后针对复习,微课充当助手;通过交流学习,专业获得成长。

第3讲介绍微课在数学学科中的应用,包括微课教学应用于数学学科的背景、微课在数学教学中的使用方法、类型设计和具体作用。以此为主线,指导教师如何在数学学科中开展微课教学。

第4讲介绍微课在化学学科中的应用,从微课展示形式与化学实验设计的契合、微课设计理念与化学知识分布的契合两个方面阐述在化学学科中使用微课教学的优势,同时介绍了具体的操作方法和注意事项。

第5讲分析了微课制作的现状,并介绍了八种微课制作的方式方法和笔者的制作经历,希望读者能快速地握微课教学视频的制作技巧。

第6讲深度剖析微课教学中不容忽视的几个问题,以便读者能提前谋划,少走弯路,快速掌握微课教学的方式方法。

书中介绍了一些微课获奖作品和案例的设计思路,以期给读者带来微课设计灵感;还介绍了微课制作的八种方法,读者可以根据微课的使用环境来选择合适的微课制作方法,提高微课制作效率。

本书条理清楚、案例鲜活,即使是"零基础"的读者,也能通过阅读本书快速了解微课的设计要求和思路、使用方法和技巧以及视频的录制和制作。

本书在写作过程中参考了一些书籍、报刊和网络资料,在此向它们的作者表示真诚的感谢!另外,限于作者水平,书中难免有疏漏之处,敬请广大读者指正。

目　录

前言 ……………………………………………………………………………（ⅰ）

第1讲　微课教学的源起和发展 ……………………………………………（1）
  1.1　微型课程的提出 …………………………………………………（1）
  1.2　微型课程的理论基础 ……………………………………………（2）
  1.3　初识微课 …………………………………………………………（3）
  1.4　微课的特点 ………………………………………………………（4）
  1.5　基于微课的翻转课堂的出现 ……………………………………（6）
  1.6　微型课程的教学模式 ……………………………………………（8）
  1.7　微课教学活动的开展 ……………………………………………（9）
  1.8　微课在我国的萌发 ………………………………………………（10）
  1.9　微课在我国的发展 ………………………………………………（13）
  1.10　科技发展的必然产物 ……………………………………………（14）

第2讲　微课教学的优势 ……………………………………………………（16）
  2.1　传统教学中存在的问题 …………………………………………（16）
  2.2　关注个体差异，实现共同进步 …………………………………（18）
  2.3　改变学习媒介，倡导自主学习 …………………………………（19）
  2.4　改变教授方式，活跃课堂氛围 …………………………………（20）
  2.5　分解学科知识，降低学习难度 …………………………………（22）
  2.6　化抽象为具体，化微观为可视 …………………………………（22）
  2.7　优化科学实验，提升实验能力 …………………………………（24）
  2.8　课后针对复习，微课充当助手 …………………………………（25）
  2.9　通过交流学习，专业获得成长 …………………………………（26）

第3讲　微课在数学学科中的应用 …………………………………………（28）
  3.1　微课教学应用于数学的学科背景 ………………………………（28）
  3.2　微课教学在数学教学中的具体使用 ……………………………（30）
  3.3　微课教学应用于数学的类型设计 ………………………………（36）
  3.4　微课教学应用于数学的具体作用 ………………………………（40）

第4讲　微课在化学学科中的应用 …………………………………………（44）
  4.1　微课展示形式与化学实验设计的契合 …………………………（44）
  4.2　微课设计理念与化学知识分布的契合 …………………………（46）

ⅲ

4.3 微课教学应用于化学实验教学 …………………………………… (48)
4.4 微课教学应用于化学教学 ………………………………………… (59)
4.5 化学学科微课的导入设计 ………………………………………… (73)
4.6 微课教学应用于化学的注意事项 ………………………………… (76)

第 5 讲 微课的制作 ……………………………………………………… (83)
5.1 微课制作现状 ……………………………………………………… (83)
5.2 微课制作软件的选择与使用 ……………………………………… (85)

第 6 讲 微课教学过程中不容忽视的几个问题 ………………………… (94)
6.1 来自学生的问题 …………………………………………………… (94)
6.2 来自微课本身的问题 ……………………………………………… (95)
6.3 来自教师的问题 …………………………………………………… (100)

结束语 …………………………………………………………………… (103)

参考文献 ………………………………………………………………… (105)

第1讲 微课教学的源起和发展

1.1 微型课程的提出

美国爱荷华大学附属学校于 1960 年首先提出微型课程(mini course,又称为短期课程或课程单元),而后微型课程在美国快速发展并扩散到全世界。微型课程逐渐成为各国教育界争相研究的热点,教学研究和实践活动成为促进微型课程应用和发展的关键性推动因素。

微型课程的定义有很多版本,至今也没有一个统一的定义,但是基本要义大致相同,学术界普遍认为:微课是在现代教育理论指导下,支持翻转学习、混合学习、移动学习、碎片化学习等多种新型学习方式,以短小精悍的微型流媒体教学视频为主要载体,按照学生的学习规律,教师将教学的知识内容细化为若干个部分,针对某个学科知识点或教学环节精心设计开发的一种情景化、趣味性、可视化的数字化学习资源包。

微型课程一般是一系列半独立性的专题或单元,持续时间比较短,组织规模也比较小,一般只有 1～2 个学时。微型课程教学目标单纯集中,重视学习情境、资源、活动的创设,为学生提供了有效的学习帮助,同时也为教师提供一系列教学资源,帮助教师进行具体的教学设计。其中,微型课程开展教学活动的核心教学资源是微课视频,既可以整合常规课程教学,也可以供学生自主学习与教师发展使用,微型课程基于现实的学校课堂教学,属于正式学习范畴。由此可见,微型课程针对的是以信息技术为支撑的完整的教学活动,能够促进信息技术更好地整合"教"与"学",在时间与规模上都是微型的。

微型课程并不是指为微型教学而开发的内容,而是指运用建构主义方法、以在线学习或移动学习为目的的实际教学内容。在国外的研究中,与"微型课程"有关的名词有"mini course""micro lecture""micro lesson"等,这是因为各个国家对"微型课程"的研究取向并不完全相同。目前,微型课程已经应用于课堂教学中。

新加坡南洋理工大学国立教育学院在 1998 年开展了微型课程项目。项目主持人菲利普·王(Philip Wong)教授认为,微型课程是运用计算机通信技术来达到特定目标的教学材料。

2004年7月,英国启动教师电视频道(Teachers' TV),每个节目视频时长15分钟,频道开播后得到了广大教师的普遍认可。目前,微型课程视频节目资源已累计达到35万分钟。

美国新墨西哥州圣胡安学院的高级教学设计师、"学院在线服务"经理戴维·彭罗斯(David Penrose)于2008年秋正式提出了"微型课程"这一概念,并给出准确定义:微型课程是运用建构主义方法、以在线学习或移动学习为目的的实际教学内容。戴维·彭罗斯把微型课程称为"知识脉冲"(knowledge burst),其核心理念是要求教师把教学内容与教学目标紧密地联系起来,以产生一种"更加聚焦的学习体验"。

目前,微型课程的类型比较多:一类是"学生课堂微型课程",主要用录屏软件制作,将知识点制作成学生学习课程帮助学生学习,如课前预习指导、课堂学习研究或课后复习巩固,是课堂教学中的一部分,对常规课堂教学起到引导、拓展、弥补的作用。另一类是用微软公司的PowerPoint(以下简称PPT)软件制作的,主要用于教师专业发展,与学生课堂微型课程有着明显不同。在制作工具上,它以PPT为主,而非录屏软件;在使用对象上以教师为主,而非学生,主要用于学校的教研活动或教师的各种学习,以提升教师的教育教学能力,优化教师工作方式;内容通常包括教育教学中常见的小现象、小策略、小故事,而非学科知识点。如果称前者为学生课堂微型课程,那么后者便是教师成长微型课程。

国外的微型课程研究的核心组成资源不统一,有的是教案式,有的是视频式,课程结构较为松散,主要用于学习及培训等方面,应用领域有待扩充,课程资源的成长性、扩充性不足。

1.2 微型课程的理论基础

1. 人本主义学习理论

罗杰斯是人本心理学的代表人物,强调教学重点应放在学生学习和生活情境的结合上,重视学习过程而不是纯粹的知识获得。

2. 建构主义学习理论

建构主义学习理论的核心思想对当代教育产生了很大的影响。建构主义理论研究更注重学生学习的背景,即知识与某种情境有关,人的学习应该融于真实的活动中。

3. 数字化学习理论

数字化学习理论意味着学习过程是在数字化环中进行的。科技的发展和中小学现代教育设施设备的不断完善,为大多数学校提供了数字化环境,也让课堂教学不再拘泥于书本。微课视频作为一种新型的教学资源,它的内容需要借助多媒体终端才能得以呈现,它能够将书本上复杂难懂的内容可视化,从而吸引学生的注意力,提高学生学习的专注程度,进而达到良好的教学效果。

1.3 初识微课

网络信息技术发展日新月异,我们已经生活在一个互联网的时代——"微时代",将网络信息技术引入教学过程中,是新时代教育教学思想和理念在教学领域中贯彻的必然结果。在这一背景下,传统填鸭式、满堂灌的教学方式已很难引起学生的学习兴趣,教学也不再局限于课堂,网络学习已然成为学生学习不可或缺的一种途径。学生的学习途径发生了变化,因此教师的教育方式也要随之改变。

微课资源作为网络信息技术衍生出来的一个产物,学习者可以通过手机、平板电脑等网络移动设备随时随地地进行知识的学习,学习者不受时间、空间等因素的限制,促进了教育教学的有效开展。

斯坦福大学的一位教授说:"说不定,下一位爱因斯坦就是一个坐在电脑前看教学视频的小女孩。"教学视频是一个宽泛的概念,微课教学等同于视频教学吗?显然不是。微课教学的核心内容虽然也是视频,但是微课教学与视频教学的差异就在于微课教学有完整的教学设计、相应的学习评价和一些辅助性教学资源,包括微课视频、教学目标、教学计划、课件、教案、相关辅助资料、互动环节、教学活动、教学评价和学习支持服务等,它们构成了一个全面的知识体系,从而帮助学生更好地理解知识点。那么微课教学到底是什么呢?

"微课"中"微"的含义是:微课资源仅围绕学科中的某个知识点或者教学中的某个环节,重点不在于拆分课堂,而在于缩小主题,所以微课教学的主题鲜明、知识点突出、内容具体、语言精炼、资源多样、指向明确,仅仅针对一些重点、难点、疑点、考点、问题、实验等,通过讲解,将核心知识化繁为简地教给有需要的学生,以便于学生学习掌握,促进学生学习能力的提升。

"微课"中"课"的含义是:在常规的教学活动中,在确定的时间内,有目的、有针对性的教学活动的基本单位。一节课的有效开展包括师生的合作、教学技术与教学手段等多种要素的综合应用,它们相互联系、相互影响。

"微课"是在传统教学的概念基础上提出来的,是在翻转课堂和慕课教学模式下产生的新概念,既可用于课堂中的正式学习,也可用于课后的非正式学习,是翻转课堂和慕课教学模式课前学习的基础。

翻转课堂指的是在信息化环境中,课程教师提供以教学视频为主要形式的学习资源,学生在上课前完成对教学视频等学习资源的观看和学习,师生在课堂上一起完成作业、答疑、协作探究和互动交流等活动的一种新型的教学模式。它的核心就是微课资源。

慕课即大规模开放的在线课程,是由系列化的视频资源和互动研讨活动构成的大规模网络视频课程,是自成体系的在线课程,是以微课教学为核心的在线教育新形式。制作者在互联网上发布课程,学习者通过在线学习即可完成一门课程的学习,不需要实体课堂。

由此可见,微课既可以用于传统课堂教学,也可以用于网络课堂教学,微课的核心是微视频,以及与该教学视频内容相关的微教案、微课件、微习题、微反思等内容,它们是一个有机的整体。微课充分利用数字化的教学模式,适合在线学习,具有易操作、易传播,音、视频兼备,可重复播放,使用灵活的特点。对于学科知识教学而言,微课教学具有独特的魅力和优势,适合学生个性化自主学习,为学生提供了最佳学习途径,能够更好地激发学生的学习兴趣。

1.4　微课的特点

微课教学是将某个知识点、解题思路及方法和配套的练习资料展现出来,帮助学生自主学习,使得学生能更好地掌握该知识点的应用或者解题的思路和方法。在教学应用中,微课教学具有明显的高效性,相比常规课,微课资源主要具有如下特点:

微课资源的选题来自教学课程,微课不是帮助教学的多媒体课件,而是一种情景化、趣味性、可视化的数字化学习资源包,是按照学生的学习规律,经过教师精心设计的一种完整的教学资源。微课教学在形式上短小、独立,将以往一节课中的教学知识合理地分解成多个单一知识点,为完成一个教学目标,围绕某个知识点、教学环节、教学活动或者知识技能而展开的以微课视频为中心的课或课程。因此,微课中呈现的都是部分知识点,对教学知识进行了碎片化处理,但课程设计并不是碎片化的,而是对每个知识点的合理分解,在分解知识点的同时降低了学生学习的难度。

微课是用于教学的一种课程资源,它的内容一般为课堂中较难讲清楚的知识点、复杂或者难以演示的实验、不便在课堂展示的实验以及微观世界的物质变化过程等。微课可以强化重点,突破难点,目标明确,让教师更好把握。微课资源丰富、短小精悍,能够实现知识点的拓展,可以将突破重难点的技巧更好地展现出来,使学生更好地理解学科知识。

微课资源的核心组成是教学视频,视频作为人类目前所掌握的最佳传播媒介,更加符合教育心理学和学生认知的特点。视频材料可以降低课本知识的"高冷度",增加知识的亲和力,提高学生的学习兴趣。学生通过微课资源进行自主学习、独立思考、动手实践,掌握学科知识的重点、难点,建立完善的逻辑思维,以及运用知识的方法和技巧,学习的主动性得到了充分发挥,从而养成浓厚的学习兴趣。此外,微课资源还具有针对性、反馈性、趣味性等特点。

微课视频既不是课堂教学实录的视频片段,也不是其中的一个环节,它是课堂教学内容的浓缩,有导入、有讲解、有示例、有总结的教学过程,具有类似一节课的完整结构,再将这些部分通过多媒体技术制作成简短的、具有教育教学功能的微课视频。其中微课视频时长一般为5~8分钟,最长不应超过10分钟,是符合学生的认知发展规律的。著名的"注意力十分钟法则"告诉我们,人的注意力在学习刚开始的10分钟是最集中的,也是学习效率最高的,超过了10分钟,人的精神就会出现懈怠。微课抓住学生注意力的黄金点,可以保证学生学习的质量。

微课视频在设计上以短小精悍为立足点,从学生的角度出发,引导学生关注知识的生成,使学生更容易学会知识、掌握方法,让学生在学习中获得快乐,在快乐中掌握知识,为提高教学效率提供保障。

微课资源的容量虽然较小,但是在资源和形式上多种多样。微课教学有多种设计类型,可以分为讲授类、演示类、实验类、自主学习类、探究学习类等。微课支持多种新型的学习方式,翻转学习、混合学习、移动学习和碎片化学习是其最主要的集中学习方式。

根据学生使用目的,可将微课用于课前知识的预习,或用于有启发性的导入、书本教材的解读、课堂知识的拓展、重难点的突破、经典例题的评析、历年考点的总结、解题方法和技巧的展示、阶段性知识的归纳,微课的应用与学校课程的关系紧密。通过几分钟的微课学习,把题型精讲、考点归纳、教师的教学经验等相关知识点传递给学生,不仅形式多种多样,还能达到对课堂教学内容进行补充和延伸,以及使学生对学科知识理解得更加深刻的目的。

微课视频的设计遵循画面简洁的原则。画面简洁是微课资源从内容到形式一以贯之的要求,尽管具体的细节因人而异,但目标是一致的,那就是希望在知识循序渐进的过程中酝酿一种流畅的美感,使学生更清晰地接收教师想要传达的内容,更专注地理解内容所包含的各种关系。

微课教学学生反馈及时。翻转课堂教学模式的评价手段,强化了调查问卷所作的答复、访谈、小论文、学生档案记录的功能,将过程性评价方法和总结性评价方法结合起来,更有效地对学生和教师的成绩进行评价和考核。

因此,微课是有别于传统单一资源的,是在其基础上演化和发展起来的一种新型教学资源,它赋予了教学课堂更大的活力,提高了教学效率,促进了现代教学的发展。

1.5 基于微课的翻转课堂的出现

随着互联网技术及其应用的逐渐普及,教学所需要的素材、资源越来越丰富。哈佛大学物理学院艾力克·玛祖(Eric Mazur)教授提出:"科学技术不断更新换代,让传递知识越来越方便、快捷,教师应大胆尝试变换传统的教学模式,保证学生的个性化教育,把教学中心与时间放至第二位。"翻转课堂应运而生,借助互联网技术,实现了传统教学模式的转变。

通过对国外翻转课堂教学案例的分析和相关文献的研究,可以把翻转课堂的发展进程分为萌芽、发展和完善三个阶段。

1. 萌芽阶段

翻转课堂教学模式的萌芽可以追溯到 2000 年美国迈阿密大学学者的《经济学导论》,该书首次介绍了翻转课堂教学模式。

翻转课堂也被称作"颠倒的课堂",是相对于传统课堂而言的概念。顾名思义,其指的是将传统意义上教师掌握主动权的课堂,通过课堂内外时间的调整实现翻转,将学习的主动权转交给学生,由他们进行自主规划和安排,教师主要扮演的角色是协作者与配合者。从学习步骤上看,翻转课堂实现了知识获取和知识内化的创新。

翻转课堂(flipped classroom 或 inverted classroom)是现代教育理念指导下的一种全新教学模式,翻转课堂系统性较强,要求重新规划与布局课堂内外的时间和学习安排,要求学生必须独立完成学习知识的过程,强调学生学习的主动性。

翻转课堂教学模式最早是在 2007 年由美国林地高中的两位化学教师乔纳森·伯尔曼(Jonathan Berman)和亚伦·萨姆斯(Aaron Sams)正式引入的。一次偶然的机会,为了帮助缺席学生补课,他们利用录屏软件和 PowerPoint 演示文稿录制视频并上传至网络,让学生通过观看视频来补漏掉的课程,跟上教学进度。

2. 发展阶段

发展阶段始于孟加拉裔美国人萨尔曼·可汗在视频网站 YouTube 上成立可汗学院频道。

萨尔曼·可汗利用录屏软件和写字板录制教学视频,并将其上传到 YouTube 上给需要学习数学的表弟观看,在这个过程中,他发现录制的教学视频可以共享,可以同时帮助其他学生学习,由此创建了可汗学院。

2011年,萨尔曼·可汗通过《让我们用视频重塑教育》的演讲将翻转课堂这一理念迅速传播开来,视频特别是微课视频引起了教育界的空前关注。可汗学院专门为不同的在线学习者提供所需的教学视频,这种强调自由化、个性化、针对性的教学模式在教育界掀起热潮,开启了教育改革的新契机。这种将在家完成作业的时间用于课程学习,而将课堂时间用于解答疑问的模式被称作"翻转课堂"(flipped classroom)。

翻转课堂被评价为2011年度最具影响力的教育技术变革。

3. 完善阶段

目前,翻转课堂教学模式仍处于完善阶段,许多国家的教育工作者依然在不断地探索与实践,也取得了一定的成果。

翻转课堂主要由三个主要环节构成——课前、课中和课后。每个环节都颠覆了传统教学中以"教"为主的模式。

课前获取知识。教师通过网络学习平台发布学习资源,课前学生借助这些教学视频、文本等学习资源获取新知识,进行自主学习。学生在学习过程中遇到难点可以与教师、同学在网上交流、讨论,从而在发现问题、解决问题的过程中获取新知。

课中以"习"为主。教师通过课前学生作业的及时反馈,了解学生在知识掌握方面的不足,有针对性地进行课堂教学活动,学生通过与教师面对面交流的方式解决自学过程中的问题,并通过教师的总结巩固先前自主学习的学科知识,实现知识的内化。翻转课堂可以全面提升教学的互动性,让知识传授变得更加轻松,促进了教师和学生之间以及学生和学生之间的交流研讨、合作探究,这也是翻转课堂最大的好处。

课后,学生还可以利用教师发布的教学资源,反复学习或者针对性地补差练习,达到巩固知识的目的。

翻转课堂的运用需要教师改变传统的教学模式和观念。课堂成为教师与学生间的互动场所,教师更多地成为指导者而非传授者,学生在课堂中解决学习过程中产生的疑问。课堂上教师与学生进行问答,解决学生的疑问,学生参与到学习小组中,教师对学生的学习进行个别指导。学生之间通过讨论、交流相互学习提高了合作学习能力,真正做到教育教学的有效互动。

翻转课堂实际上是一种传统课堂与网络课堂相结合的新型教学模式,打破了"课上讲授知识,课下巩固练习"的传统流程。但是翻转课堂并不是完全摒弃传统课堂的教学,而是将传统课堂与网络课堂结合后衍生而出的一种灵活的混合教学模式。

1.6　微型课程的教学模式

微型课程的理论基础主要是基于问题的教学和情景认知理论,这些理论着重探讨学生高层次思维能力的发展,而非学生对于知识的机械掌握。微型课程的设计开发主要包括四种不同的教学模式:

1. 基于问题的教学模式

基于问题式学习是一种基于建构主义,以问题为基础、以学生为中心的教学模式。它将学生置身于一个映射真实情境的结构之中,以积极的问题解决者的身份解决问题,从而培养学生的批判性思维和问题解决能力,同时使学生掌握课程要求的基础知识和基本技能。在这种教学模式的作用和影响下,学生在学习中能够思维活跃、大胆质疑,积极提出问题,然后开始进行查询,一直持续到发现正确的方法为止,这样学生就可以在解决问题的过程中获得知识。问题解决后,学生们还需要对自己的学习过程进行自我反思和评价,总结所获得的知识和思维技能。基于问题式学习的优点在于对学生而言,能对知识的形成与发展有一个直观的体验,同时也能较好地落实情感方面的体验;不足在于耗时太多,所学知识难以系统化。

2. 基于案例的教学模式

案例教学模式起源于美国哈佛商学院,最初用于工商管理,是一种以学生为中心、理论与实践相结合的互动式教学模式。它借助管理实践中的案例,将学生置身于特定的管理情景之中,给予学生恰当的引导,为学生提供一个广阔的思维空间和与"实战"极其相近的实习氛围,培养学生独立思考、独立分析和解决问题的能力,培养学生的团队意识,促进其相互交流与沟通,帮助学生塑造健康的人格品质和正确的价值取向,让学生真正接近乃至融入真实的管理世界。大量的实践已证明,案例教学对保证管理学课程教学质量和效果具有不可低估的作用。在学生获取解决问题的必要知识的前提下,教师给学生呈现某种良构领域的问题或情景,学生从探究现象开始进行生成性学习,通过特殊了解一般,从而加强学习的迁移效应。但案例教学模式可能还存在一些问题,如教师的实践和教学能力不足、学生的知识面窄、管理案例质量不高、案例教学时间比例不好把握、基础设施薄弱等,因此在课程设计中规避这些问题是很重要的。

3. 基于情景学习的教学模式

情景教学模式是一种以案例或情景为载体,引导学生进行自主探究性学习的教学模式，"情境认知"强调将知识视为工具，并试图通过实践中的活动和社会性互动促进学生学习。创设问题情景和制造悬念以教师的活动为主，其他几个程序都可以由教师、学生共同参与，情景教学是一种课堂交流活动型的教学方式。教师教学从创设情景开始，根据教学内容和要求，分析学生的知识储备和能力基础，教学过程和问题情景设计应该符合教材知识结构的特点和学生的认知水平，重视问题情景教学中的引导技巧。不足之处是：在情景教学中引入的小故事、小事件，对于低年级学生有较强的吸引力，但不适合高中生；教学情境的选择既要辅助教育教学，引导知识的生成，又要符合学生心理和智力的接受程度，更要满足客观事实，所以教学情境的选择难度较大。

4. 基于协作学习的教学模式

处于相互作用的环境中的人或集体，其中一方一旦达到目标，同时也会助长他方达到目标，这种相互依存的助长关系，一般被称为"协作"。在学习中采用这一理念构建的学习活动形式，就是协作学习。

1.7 微课教学活动的开展

微课教学活动的开展，需要教师在进行教学之前便做好充足的备课工作，对教材内容进行全面了解，分解教学的知识点，并结合备课方案，编写微课设计。微课视频在设计时需要结合实际生活，创设相对应的情境，由此引起学生的好奇心，激发学生的求知欲，使微课视频自然地融入到课堂教学之中，发挥微课在教学过程中的作用。

结合有关的各种素材，运用微课视频制作软件制作出满意的微课视频，再根据微课教学目标进行进阶练习。

微课设计还要突出教学目标和主题，整理教学知识，筛选出课程的重点和难点，对其进行简要而又准确的讲解，确保不出现错误或有歧义的语言。教师可以在微课视频中向学生提出问题，并引导学生独立思考。

教师通过互联网发布微课教学资源，学生可以通过电脑或者手机等设备，随时随地进行课程学习，学生按照自身对知识的需要，选择合适的微课教学资源，自由调整学习进度。微课教学使用形式灵活多样，不仅方便学生更好地掌握各个知识点，满足不同阶段学生的学习需求，还可以对每一节课程进行反复教学，直到学生完全掌握为止，有效解决学生学习过程中存在的问题。微课资源也有利于后期的复习巩固，对于已经遗忘的知识，学生只要打开微课资源就可以随时进行复习。学生对教法学法的选择不再受制于课堂教学环境，也不再受时间和空间的限制。

翻转课堂的学习不是传统意义上的预习和学习的翻转,而是一种课前学习研究、课内讨论总结的学习方式。

课堂讨论学习是翻转课堂教学的核心过程,课堂讨论的开展需要学生对教学内容有足够的了解和掌握。只依靠阅读书本教材,不能满足翻转课堂课前的高标准预习要求,学生无法区分重点知识和非重点知识,而微课资源可以为课前学习研究提供庞大的信息资源支持,引导学生发现课本重难点,并且微课资源信息传递方式简单易操作,能够在较短时间内向学生传递丰富的信息。

上课前,教师结合新课标以及课堂教学目标,对教学内容和学情进行分析,制作相应的微课视频并设计任务,学生通过微课在线学习相关内容,对课本知识进行详细解读,进行预习、归纳,达到翻转课堂课前预习的要求。在学生掌握必要的知识之后,还需要完成配套的作业练习,记录自己的疑问,标注存在的问题,然后带着问题走进实体课堂。这样,在课堂教学中,教师才能更好地引导学生深入地学习知识、剖析实验、归纳结论、掌握原理、灵活应用。

课堂上,学生可以根据自己的观点与其他同学展开讨论,也可以就相关问题与老师进行知识交流和学习反馈,教师可以及时帮助学生解决学习过程中存在的疑难问题,并引导学生在交流探讨中寻求问题处理的最佳方式。学生通过协作探究和互动交流等活动完成作业,再对本节知识进行归纳总结,充分发挥即时反馈教学策略的优势。同时教师可以通过随堂检测,帮助学生对学习过程进行反思,从而更好地引导学生进行知识的学习。

在现有教育的基础上,让互联网与教育教学相结合,将微课与学科教学相结合,可以充分调动学生的学习激情。微课支持下的翻转课堂教学模式是一种让学生在课前通过视频等方式自主学习,在课堂教学环节通过师生互动解决自主学习中学生的困难和疑惑的教学模式。它颠覆了传统的教学模式,改变了传统课堂中教师单一的教学模式,把教师转变成了知识的传播者或问题的讨论者,教师成了学生之中的一员,改善了师生关系;把学生变成了课堂的主体,引导学生自主学习,培养学生的学习兴趣,提高学生的学习效率,增强学生的学习动力。翻转课堂有效地满足了个性发展需求,全面打破了传统课程对时间和空间的限制,为自主学习提供了良好保障。

但是微课不能代替课堂教学,只有将微课教学和课堂教学有机结合,才能更好地激发学生的学习兴趣,帮助学生深入理解新知识,有效弥补传统教学模式的不足,满足现代教学的需要。

1.8 微课在我国的萌发

2001年,教育部在《基础教育课程改革纲要(试行)》中提出:"大力推进信息技术在教学过程中的普遍应用,促进信息技术与学科课程的整合,逐步实现教学内容的呈现方式,学生的学习方式,教师的教学方式和师生互动方式的变革,充分发挥信息技术的优势,为学生的学习和发展提供丰富多彩的教育环境和有力的学习工具。"

翻转课堂和传统的课堂教学在培养方案和学科计划以及学科评价机制上有着很大的不同,翻转课堂的目的在于实现学生在学习上的主导地位,翻转课堂的落实必须重新定位学生的培养目标和培养方向,教师要在学科计划上细化学习内容,将教学内容分块分层,这样才能利于学生学习吸收。

近几年,翻转课堂的教育方式越来越受到教育主管部门以及学者和一线教师的重视。重庆聚奎中学和深圳南山实验学校从国外成功案例中汲取经验,进行翻转课堂的教学探索,进而成为国内翻转课堂教学的两大基地。

在教育主管部门进行全国大规模教育改革的同时,翻转课堂教学模式也在各学科教学中得以发展,而作为翻转课堂教学中的重要组成部分,微课也逐步进入我国学者的视野。

微课教学可以说是"舶来品",是一种新型的教学模式,是以信息技术为支持,在互联网技术快速发展的沃土上成长起来的新型教学资源,它以培养创新学习能力为目标,是顺应新时代背景下的教育改革,是对国家政策的积极响应。

微课的应用形式多样,在教学过程的各个环节,都可以根据需要插入微课资源,比如课前的新课预习、课堂的知识学习、课后的巩固复习、作业评讲、学生反馈等,实现较为系统性的教学,不但可以将教学中的各独立环节有机地融合起来,还可以利用网络平台实现教学的及时性,节约课时资源。

在我国,微课教学的概念由广东省佛山市教育信息中心教师胡铁生于2010年率先提出,他将微课教学定义为:按照新课程标准及教学实践的要求,以教学视频为主要载体,教师在课堂教学过程中,针对某个知识点或教学环节,进行教与学活动的各种教学资源的有机组合,最为核心的内容是微课视频,除此之外还包括教学设计、素材课件、教学反思、线上测试及学生自我反馈、教师点评等,它们以一定的组织关系和呈现方式共同营造了一个半结构化、主题式、比较完整的资源单元应用"小环境"。因此,微课教学资源有别于其他的教育教学资源。

之后国内陆续有多位学者对微课的概念进行了界定,虽无定论,但核心内容均为:微课是指围绕某个课题或知识点展开的,利用碎片化教学资源,以短小精悍的在线视频为主要形式的解说或演示。

随着研究的不断深入,胡铁生老师不断地对微课的概念进行补充和完善,他于2011年6月提出微课概念的2.0版本:微课是指以视频为主要载体,记录教师在课堂教育教学过程中,围绕某个知识点或教学环节而开展的教与学活动的全过程,一般用于解释知识点的核心概念或内容、方法演示、知识应用,时间长度一般在5~10分钟的一种教育教学资源。

同年11月，广东佛山市教育局率先启动首届"中小学新课程优秀微课征集评审大赛"，国内各级各类学校和广大教师普遍对这种新型的教学资源模式表现出极大的热情和浓厚的兴趣，并积极主动地参与了此项活动。活动期间共征集了1700多节中小学微课参赛作品，竞赛平台上微课资源展播不到两个月，访问量就超过了15万次，成为了第三届（2011年）佛山教育博览会上的一个亮点。

随后，胡铁生老师又在《微观课程区域教育信息资源开发的一个新趋势》中定义了微课概念的3.0版本：微课是基于新课程标准和课堂教学实践，以教学视频为主要载体的，针对课堂教学中的知识点或教学环节，记录教师在教与学活动中需要的各种教学资源的有机结合。

2013年2月，胡铁生老师又提出了4.0版本：微课是"卫星视频网络课程"的简称，是一种基于微观教学视频，是针对特定学科知识设计和开发的一种在线视频课程资源。

从描述中我们可以发现，微课是以短视频为教学载体的，微课视频简短，一般只有5～10分钟，并不是一节传统课堂教学的视频片段，而是具有相对独立性和完整性的一个知识点的展示。视频可以充分调动学生的多方感官，在丰富教学资源的同时，也为新课改下各学科教学的发展开拓了新视野，为基础教育改革在未来的蓬勃发展提供强大动力。同时，微课除了教学视频，还包含了与该教学主题相匹配的教学设计、练习测试、学生反馈、教学反思、教师评价等辅助性教学资源，这些元素以一定的组织关系，共同营造一个主题鲜明、内容充实的资源单元。

2013年堪称"中国微课元年"。2013年华中师范大学率先成立慕课中心，目的在于实现教育教学资源共享。慕课中心的成立，大大加快了中国基础教育课堂教学改革研究发展的进程。

微课教学引入我国以后，众多的专家学者以及一线教师结合我国国情对翻转课堂展开了一系列研究，越来越多的精品微型课程资源开始涌现。在中国知网以"微课教学"为关键词进行检索，截至2021年11月4日共产生了43143条检索结果，这说明微课教学近些年来受到了极大的关注，而这些研究为微课教学在实际教育过程中提供了强有力的理论引导。

理论存在的最根本意义在于实践，对微课教学进行深入的理论研究，是为了让它在教学上最大限度地发挥效用，为学科教学注入新血液，提供新素材，发掘新思路，开辟新路径。

在新课程教学改革的大背景下，一大批国内外教育教学理论家、教育教学工作者进行了大量积极而又大胆的尝试，微课、翻转课堂等新的教学形式得以出现。如何积极适应新课程改革的要求，从教学形式上对传统的教学模式进行不断的更新和优化，已成为当今教育工作者的一大责任。

1.9 微课在我国的发展

微课教学虽然起源于国外,发展于美国,我国对微课教学研究和应用的开始时间也较晚,但是发展还是比较快的。

为继续切实贯彻《教育信息化十年发展规划(2011—2020年)》,并深入发掘微课教学在课堂教学创新应用中的有效利用形式,大力推广全国各地各类典型案例和先进经验,全面推动基础信息技术创新应用和教育的均衡发展,教育部教育管理信息中心于从2014年9月1日开始,进行了为期三年的"基于微课的翻转课堂教学模式创新应用研究"的课题研究,该课题由中国教育发展战略学会教育信息化专业委员会承担具体的研究组织工作。

为了将信息技术与中小学教育深度融合,研究微课教学在课堂教学中的合理模式和应用方法,发掘和推广各地区的优秀微课资源,鼓励和促进中小学教师参与微课资源的设计,全国各地都积极开展了相关的微课大赛。现在,中小学微课资源网站——"中国微课网"在国内影响最大,此网站是由中国教育部信息管理中心为举办首届"中国微课大赛"而创建的一个大型、正规的教学资源共享平台。

随着各种微课评比的开展,微课教学实践也如火如荼地展开,大家在制作微课资源的同时,相互借鉴,互相学习,共同进步。2014年11月,教育部在总结国内开展的与微课相关的课题活动及初步取得的优异成果的同时,联合北大未名集团,于2014年11月20日至2015年12月31日开展了为期一年多的第二届全国中小学优秀微课征集活动,活动吸引了数万名中小学教师参赛,教师参与的积极性较第一届更加高昂,参赛作品达到百万件,这些优秀的微课资源为翻转课堂的开展奠定了坚实的基础。

国内多所一流大学的研究团队也从不同的角度出发,研究微课教学应用于教育教学的效果和意义。

"提分微课程"是由清大世纪教育科学研究院专家团队集合国内百名重点中学的一线教师,推出了"短时高效"的精品课程,这些课程采用"题型精讲—方法传授—考点归纳"三位一体的教学模式,即以重点常考题型为出发点,精讲解题方法及过程,并进行重点、考点归纳,是一套真正符合现代学生学习特点的"短(学习时间短)、平(价格便宜)、快(学习见效快)"系列高清视频课程。

苏州大学的研究表明,微课对优等生影响不大,对中等生及后进生影响大。

扬州大学的研究表明,微课在内容单一、制作形式单一的情况下,应用效果不够明显。

河北师范大学的研究以四个案例说明了好微课是怎样炼成的。

有关微课的研究越来越丰富,理论依据越来越成熟,这些都证明了微课应用在翻转课堂的可行性与必然性。伴随着越来越多精品微课资源的产生,实施翻转课堂的基础条件已经基本满足,丰富的微课资源能够为翻转课堂教学研究带来更多的可能,当前已经可以尝试进行以微课为基础的翻转课堂教学。

实践表明,微课作为课堂教学的辅助和补充,可以为学生提供移动学习、在线学习的资源,能够提高学生自主学习能力,提高教学的有效性。将微课运用在翻转课堂中,不仅可以提高课堂教学的效率,改变传统的教学与教研方式,突破教师传统的听评课模式,而且可以增加师生之间的课堂讨论和学生的课堂参与度,更好地满足不同层次的学生对不同知识点的个性化学习,还可以查缺补漏,强化和巩固知识,是传统课堂学习的一种重要补充和拓展。

1.10 科技发展的必然产物

传统的教学模式是教师独自在讲台上滔滔不绝地讲,学生在各自的座位上默默无闻地听,通过课堂教学学习知识,通过完成课后作业巩固知识。而在这一过程中,教师往往容易忽略对学生的观察,师生之间的互动也很有限。

随着信息技术和互联网的快速发展,手机、平板电脑等移动终端已经普及,网络资源越来越丰富,成就了一个"微"风十足的时代:微博、微信、微课视频备受青睐,究其本质皆因"微"而不凡,"微时代"已经来临,并引发了全社会各行业的重大变革。

教育部明确指出,必须高度重视信息技术对教育发展的革命性影响。当这种变革伸入到学校之后,教育教学方式也应随之改变,这样才能够培养更适合现代社会的人才。

在此背景下,微课教学模式随之出现,微课教学作为翻转课堂的重要组成部分,通过声音、图片、动画以及视频等素材的巧妙融合,将书本中的知识可视化,吸引学生的注意力,让学生可以更好地参与到具体知识的学习过程中,发现自己在学习中遇到的问题,还有助于提高学生对知识的摄取能力和独立解决问题的能力,激发学生的学习欲望和探索的兴趣。

微课资源适用于网络时代移动端知识的学习传播,教师借助网络资源实施微课教学,不受时间、地点的限制,随时随地都能教学,能很好地适应当下快节奏的时代脉搏,让学生能在轻松的环境下获取知识。

微课的内容可以根据需要任意设计,能够满足各种教学目标的要求,学生还可以反复观看,促进理解。有时课内讨论也需要证据和信息的支持,微课就可以起到很好的补充作用。因此,微课教学的应用为翻转课堂的实现提供了坚实的基础。

微课是一种新型的教学形式,也是一种全新的挑战。随着信息与通信技术的快速发展,微课将具有广阔的教育应用前景,特别是手持移动数码产品和无线网络的发展,基于微课的移动学习、远程学习、在线学习将会越来越普及,微课必将成为一种新型的教学方式。作为一线教育工作者,教师需要主动了解和接纳微课这种新的教学手段,并积极地将它融入到教育教学工作中。

微课以一种新颖的方式出现在常规教学中,以其快速传递学科相关知识的特点广受师生的欢迎,也备受教育界的关注。"微课热"也证明了这一教学手段和模式是科技引领人类文明进步的必然产物。

第 2 讲 微课教学的优势

在新课程改革的背景下,对于学科知识的教学而言,不仅要注重相关理论知识的教学,更要培养学生的实践应用能力。而传统单一的书面教学模式很难满足实践教学的需求。因此,在教学过程中引入微课教学模式,能够更好地适应新课改的需求。

借助微课开展课程教学,可以培养学生的应用能力,为学生自主学习提供良好保障。微课作为一种集声音、图像、文字为一体的现代教学模式,有着传统教学方法无法比拟的优势。生动的图文信息和活泼的动画元素能够吸引学生注意,活跃学生思维,分散学习难度,减缓学习疲劳,能在很大程度上提高学生的学习动力。微课内容具有针对性,强调对某个知识点进行教学,这样既不会给学生增加压力,又能够有助于学生对知识的理解。

2.1 传统教学中存在的问题

1. 教师处于主体地位

在传统课堂教学过程中,教师不仅是知识的讲解者和传递者,同时也是课堂教学的绝对主导者,在整个课堂教学过程中,基本上都是教师滔滔不绝地对学生进行知识的讲授,教学的导入、问题的设置、知识的讲解、重难点的突破都是教师提前预设的,学生则处于一种被动的观望状态,然后在课下再自行消化知识。甚至学科实验的实验过程、实验操作以及实验现象和结论都是由教师独自决定和完成的,另外,这种"观众视角"的实验教学让学生很难理解实验过程中的全部内容,容易造成有些题目无法解决的问题。传统教学内容过于充实,过程单一、枯燥,学生对参与课堂活动的积极性不高。

2. 班级人数众多,学生水平参差不齐

由于班级人数较多,教师不能兼顾到每一位学生的学习,很难做到因材施教。学生的知识水平、知识结构参差不齐,在接受能力、学习能力和学习习惯等方面也有所不同,而这种现象在县级的中学中更为常见,尤其是入校新生,对于新环境的适应和新知识的认知存在不同程度的差异。比如同一个知识点,对有些学生进行适当地引导、解释,他们就可以很好地进行应用,但是有些学生在课堂教学期间很难做到完全理解、接受。

3. 学生座位固定,交流受阻

由于学生的座位是固定的,这就会影响学生与学生之间、教师与学生之间互动交流的频率和质量。如果没有良好的交流互动,有的学生遇到疑问,就不能在第一时间得到帮助。有的学生不好意思询问教师,还有的学生由于性格内敛不愿寻求同学的帮助,这些都间接地制约了教与学的关系,影响着课堂的教学质量。

4. 课程任务与教育目标出现矛盾

教师为了完成课程任务,在课堂教学中不可能在一个知识点上耗费过多时间,但是作为教师,为了达到"传道、授业、解惑"的目标,又不得不重复教授。

为了平衡完成课程任务和实现教育教学目标这两大难题,就会出现一个常见的现象,教师在讲台上讲课和板书,学生在台下听讲,教学内容充实、严密,教师面对所有学生统一授课。当有学生针对某个知识点存在疑问时,课堂上也没有多余的时间来允许学生进行提问,学生单纯地变成了知识的接收者,无法解决对知识的疑惑,不易做到对知识的理解接收。加上学校课时安排紧凑,学生自由支配的时间较少甚至没有,教师和学生没有共同的空余时间,教师就很难对每位学生进行单独指导。这就导致教学无法达到预期的目标和效果,容易出现一种常见的、极端化的教学现象,即学习好的学生越来越好,而学习差的学生越来越差,由此就无法保证教学的全面性,给教师提高课堂效率带来了极大的考验。

在这种教学模式下,学生与教师都会感受到课堂带来的压抑感,学生无法感受教师表达的情感,教学氛围压抑,严重影响学生对学科知识的学习兴趣,学生的主体地位无法突出,这些在很大程度上消减了学生学习的动力,导致教学质量与效率的下降。

在新课程改革中明确指出:要改变传统的单一授课现象,让学生成为课堂的主体,要锻炼学生的发散性思维以及综合能力。而"教师一直讲,学生一直记"的现象,会让学生独立思考的能力逐渐减弱,导致学生的思维模式僵化。由于思维模式僵化,在处理一些综合性问题或发散性问题时,学生也总是无法自主解决,这样慢慢地会让学生对学科知识的学习产生抵触心理,不利于学生学科素养的培养。

那么如何解决既能尊重学生差异,又能消除学生差异这个问题呢?微课在教学中的应用优势就此彰显,微课教学以自主学习和互动协作为核心,很大程度地改善了当前教学中存在的这些问题。

2.2 关注个体差异,实现共同进步

在移动学习时代,微课教学不但与知识的传播相适应,而且满足了学生个性化学习的需要。

开发微课资源的目的不是"传道、授业",而是"解惑"。解惑就需要开展个性化教学,而微课这一教学模式更多地关注学生在知识内化时的个体差异性,关注学生在知识学习方面的不同诉求,可以满足不同层次学生的学习需求。

开展微课教学需要教师准确掌握教材中每一章、每一节知识的重难点,根据对知识的重难点的不同理解方式,录制不同讲授方式的微课视频,形成对同一个知识点的不同解决方案。学生可自主选择合适的微课视频,通过不同方式的理解,降低知识内化的难度;也可以根据自身实际决定播放次数,实现"一对一"的个性化教学,从而实现更全面的预习或者更有效的巩固,达到最高的学习效率。

微课的核心资源就是视频,视频能够重复观看,具有可调节性,学生可以依据自身不同的基础知识储备和对知识的接受能力,调节视频播放的次数;视频还可以随时暂停,让一些对学科知识理解困难的学生有思考的时间。对于学生来说,教学不再是"一遍过",学生可以通过反复观看微课视频资源,增加知识内化的次数,最终完成对知识的掌握。在课堂教学中利用微课教学,对于思维不够敏捷的学生或者羞于发问的学生来说,帮助非常大,还可以解决后进生的辅导、转化问题,帮助他们建立学习信心。

微课教学不但可以帮助学生预习、复习,还可以为学生提供深度学习路径。对于一些学有余力的学生而言,课堂教学无法满足他们对知识的渴望和诉求,这时就可以通过微课教学资源,自主安排学习时间、选择学习内容、加快学习进度、加深学习深度,实现拓展学习,使得学生的自主学习能力得以充分发挥。因此,微课教学在辅助学生自主探究新知识、拓展新能力方面具有巨大的作用。

微课教学模式让学生学习和思考的过程前置,促使师生对教学方式进行针对性的调整,激发后进生、中等生的学习兴趣,使得后进生能够跟上教师教学的步伐,中等生能够赶上优等生的步伐,优等生获得更高层次的提升,而满足不同学生对学习的需求,也达到了分层教学的目标,有助于促使学生自觉地独立学习,从根本上改变了"教"与"学"的关系。

微课教学模式改变了学生发现问题的过程,提升了学生分析问题的能力,为学生学习过程中出现的各种问题,提供了一条崭新的解决渠道。

2.3 改变学习媒介，倡导自主学习

当下，网络技术正以前所未有的速度走进我们的生活和学习，并在思想观念上、生活方式上给我们带来了极其深刻的变化，我们获取知识的方式也在悄然地发生着变化。

《普通高中课程标准（实验）》在课程理念中指出："倡导开放互动的教学方式与合作探究的学习方式，最大限度地使学生在教育教学活动中主动提高自主学习和探究的能力。"

在过去传统的教学模式下，教学的流程基本都是教师课堂上讲，课程的教授在课堂上完成，然后学生利用课下作业进行练习，巩固所学知识。教师无法在有限的课堂时间内照顾到每一个学生，学生也不具备自主学习的条件。

中学生正处于青春期，注意力集中的时间变短，特别容易受到外界干扰，但同时他们对新鲜事物有着很大的热情和兴趣，尤其是对电子信息技术类的事物。传统教学显然不能很好地吸引他们的兴趣，如果继续采用传统教学方法，那么学生的学习效果就不会太理想，但是利用微课教学，教学效果就不一样了。

微课教学模式与传统的教学理念、流程和方式有所不同，其最根本思想就是"坚持以教师为主导，学生为中心"的教学理念，更加注重学生的主体地位及学习的自主性与参与性，因此，也更利于学生学习。微课教学模式能使学生主观能动性及自觉性得以全面激发，这对提升教学效率是十分有利的。

微课资源的知识载体是视频，具有使用灵活和可反复观看的优势，教师将主要知识点和重难点制作成一段段的微课视频，针对性较强，学生根据自己的学习情况选择需要学习的视频，学习效率大幅度提升。学生不仅可以利用微课视频在课前自学，还可以很方便地在课后反复学习，并和教师、学生在线交流互动，探讨微课中的学习问题，交流学习心得，提升学习效率。

微课资源用于教学可以增强学生学习的体验感，使学生获得最佳的学习效果。微课资源的制作应符合学生已具有的知识储备，这就要求教师在设计微课时，不仅要站在教师的角度强调如何教，还要站在学生的角度关注如何学。好的微课资源是从学生的角度设计、创作的，最大限度地体现以学生为本的思想，使学生能够在独立自主的情况下理解掌握知识，满足学生发展的需求，为教学服务。

例如，利用 Focusky 创建思维导图，以严密的逻辑思维组织学科教学的路线，可以从各个方面引导学生跟随教师去发现问题、思考过程。同时 Focusky 软件还可以加入生动的 3D 镜头缩放、旋转和平移特效，将微课制作的像一部 3D 动画电影，给学生带来视觉冲击力的同时，传授学生学科知识，激发学生学习的兴趣。

微课教学主要服务于学生的自主学习,若只有微课视频,学生则难以对学习效果进行自我检测,因此成功的微课还需要包含外在的辅助资源,如微课设计、学习任务单、进阶练习等,从而使学生拥有一个完整的学习系统。

通过微课设计、学习任务单、进阶练习等形式的资源指导学生学习,可以帮助学生完成知识的消化和吸收,提升学生学科素养,使学习内容更为细致,同时使课上和课下的学习内容更好地联系起来,更能提升学生对学科知识的理解。微课的应用,既能帮助学生解决自己的问题,还能锻炼学生的自主学习能力,夯实学生的知识基础,避免学生在理解、应用学科知识时出现较多的错误。

微课教学模式下学生的学习过程也需要重新构建。微课不受时间和空间限制,学生可以根据自己的需求和实际情况选择合适的微课,可以根据自己的时间和地点自主进行知识点的学习,能够给学生提供课下的学习机会,巩固所学知识,加深学生对知识点的记忆与理解。学习不再局限于课堂,学习的方式变得多样化。通过微课资源,学生课前和课后都可以学习,在一定程度上促进了学生对知识点的理解和掌握,培养了学生的自主思考和主动学习的能力,尤其是那些在学习态度方面不积极或由其他方面原因造成学习效率低下的学生。

微课利用其创意性的视频和图片元素来强化视觉刺激,加强视觉引导,激发学生的学习热情;利用完善的教学资源,提高学生的学习效果和自主学习能力,实现课堂翻转。

2.4 改变教授方式,活跃课堂氛围

一般的网络教学视频时长是 30~40 分钟,学生很难在这么长的时间里保持注意力的高度集中,而且 30~40 分钟的教学视频,从开始学习就会给学生带来一种压迫感,导致学习效果不佳。而几分钟的微课视频则会降低学生对学习的畏惧感,学生面对几分钟的微课视频,思想上轻松愉快,思维上灵活敏捷。学生可以利用短暂的学习注意力,针对某个知识点进行详尽的学习,并利用进阶练习,准确地、及时地检测学生对知识的掌握情况,学生会很有兴趣地跟进练习,并且快速完整地完成。这样既提升了学生学习的满足感,又提升了学生运用知识的能力。此外,微课教学中的视频资源可以反复学习,帮助理解能力不同的学生更好地学习,也可以做到时时温习。

分析微课产生的背景以及备受关注的原因,除了它短小精悍、使用方便外,最主要的还是广大教育工作者力图改变传统课堂中以教师为中心、学生被动学习的单一教学模式,力求把新的教学理念和现代信息技术的强大功能融入到学科教学中。

在微课教学模式下,教师与学生在课堂教学中的地位和角色发生了根本性改变,师生间的地位及关系被重新构建。因为学生在课前利用微课进行了预习,对所学知识有一定的了解,所以在课堂上,学生角色就由传统的学习接受者转变为了主动研究者。这样教师就有充足的时间与学生交流,帮助学生解决个性化的问题,实现学生知识的内化,教师也不再是教学活动的主体,而是扮演起教学组织者、引导者和课堂协作者的角色,教学的中心和主体变为了学生,师生间的互动与交流也进一步增强。

课前,教师通过现代信息技术手段把微课资源传给每一位学生,学生可以通过电脑、平板、手机等电子产品,在微课资源的指导下进行预习,也可以自主搜集教育教学资源,进行多角度学习,完成知识的摄取。学生在课前进行自主预习,并将预习过程中发现的问题及时记录下来,用于课堂讨论,这样就提高了学生自主学习的积极性。

对于学科知识的学习来说,视频教学会比教师讲解更加生动形象,电子产品的使用也会大大缓解学生课堂学习所产生的疲劳,使学生摆脱传统课堂的束缚感和压抑感,营造一个比较轻松的学习氛围。

在学生预习了教材之后,学生对所学知识的重点、难点有所了解,教师在课堂上再进行知识的传输就轻松多了。教师通过课前微课作业反馈,提前了解学生在学习过程中遇到的困难,就可以设计有针对性的教学方案。

在课堂上,教师引导学生把预习中发现和思考的问题展示出来,以问题为引导,鼓励学生分享自己的学习成果。对一些有争议的问题,组织学生通过小组合作的方式讨论解决。小组讨论结束后,选出小组代表展示讨论成果,由教师进行点评,可实行积分奖励制度,对表现优异、积分较高的小组予以表扬,反之予以恰当建议。同时对未能解决的问题,教师再进行有效的指导、精讲点拨,帮助学生完善知识结构,提高学习效率,深入挖掘解决方法和技巧。

在课堂上进行讨论或研究的过程中,教师的帮助与学生之间的互动,成为课堂教学的主要环节,学生利用所学知识解决问题,通过讨论得出最佳答案。在这个过程中,学生既是提问者又是回答者,这也促进了师生之间、学生之间的沟通与交流,形成了一种有益的互动局面,充分调动了学生的学习兴趣。这样,课堂教学就转变为一种解答疑问和巩固强化的过程,进而学生学习效率更为高效。与此同时,学生的语言表达能力、创新能力以及团队合作能力也都得到提高。这种教学活动的开展充分彰显了教学过程中学生的主体地位,有利于学生在互动探究的过程中实现知识体系的进一步完善,也有益于互助协作能力的提升。

这种让学生带着疑问去思考和学习,进而开展课堂讨论、解决问题的教学模式,让学生体会到了探究的魅力、成功的喜悦,有效激发了学生的探究兴趣,提高了学生的学习兴趣,从而使学生能够积极地投入到课堂学习当中,活跃课堂学习氛围。

课前,通过教学视频完成自主学习;课上,对课前教学视频中的疑问进行讨论以及拓展;课后,让学生通过实践夯实学习成果。在这样的情境氛围里,学生的学习兴趣得到最大限度的提高,不仅推动了课堂活动顺利进行,还能激发学生的学习热情,让每位学生在课堂中都体会到成功的快乐。

微课教学需要教师积极转变教育理念,尊重学生主体地位,将课堂交还学生,引导、鼓励学生积极参与学习活动,给予学生更多发言和展示自我的机会,从而使学生的学习主观能动性得到全面提升。

2.5 分解学科知识,降低学习难度

微课视频内容具有碎片化的特点,微课教学资源是围绕着某个知识点开展的,所以在设计微课视频时,就要把学科课程章节分解成一个一个独立的小知识点。复杂的知识点可以进行系列讲解,课程章节的分解,要坚持精准、独立、递进、贴合的原则,做到每一节微课资源都可以独立使用、系列微课资源可以综合使用。微课中对知识的讲解要简明扼要,并且要语言准确、讲解透彻,以短小精悍的形式把知识概念和方法技巧传递给学生,提升学生对知识的掌握能力。微课教学模式在一定程度上将学生难以理解的知识分解为简单易学的知识,极大地降低了学生学习知识的难度。

微课视频针对性的讲解或探究,帮助学生通过微课重新组建知识网络,理清知识脉络,便于学生在短时间内高效地掌握知识,开展独立自主的学习,深化对课程章节知识的领悟。

教师合理地将微课资源引入学科课堂教学中,有利于调动学生学习的积极性,分解教学中的知识难点,提高学生自主学习的能力,从而帮助学生更好地理解学科知识。

2.6 化抽象为具体,化微观为可视

高中阶段理科课程有知识点多、理解难度大、知识抽象的特点。尤其是抽象的知识,教师很难用语言形象地描述,这就导致学生在部分知识的理解和掌握方面存在困难。传统灌输式的教学模式,导致学生"知其然,不知其所以然",引起学生对学习的反感,影响教学效果。通过微课教学模式,可以将数字图像的变化、运动过程的变化、微观世界的变化直观地展示出来,使教学内容充实丰富,教学过程生动

形象,进而加深学生对知识的理解,强化学生对知识的掌握,增强教育教学的效果。

案例一 在教授"有机化学基础原子共面共线"这个问题时,原子排列抽象,传统的教学往往是教师使出浑身解数进行讲解,学生听的还是似是而非,教学效果不佳。教师利用微课教学,可以在讲解苯乙烯的分子中最多原子共面数目时,制作3D动画微课视频并配上讲解,先让学生分别观看苯基所处的面与乙烯基所处的面,并将两者连接在一起,再将苯基和乙烯基围绕碳碳单键旋转直至共面。通过微课的动画展示,让学生建立空间想象,再迁移应用,苯丙烯的原子共面问题就可以轻松解决了。

案例二 在教授"物质构成基本微粒"这节内容时,难点是让学生建立微粒观。比如氧气,因为氧气平时看不到、摸不到,虽然绝大部分生物的生命活动都与氧气息息相关,但是氧气的分子结构是什么样的,学生并不知道,学生对氧气既陌生又熟悉。又如,水是生命之源,生活中随处可见,它对生命活动也有非常重要的意义,但是对于由氢原子和氧原子组成的水分子的结构,学生却是一头雾水。作为小分子物质,水分子一般以液态形式存在,更为神奇的是冰作为水的固态存在形式,冰的密度竟然小于液态的水,这会让学生感到好奇。但是分子尺度的微观世界既不易观察,也不易描述,从而造成教学遗憾。利用微课进行教学,对电解水过程进行分子尺度的微观演示,学生就可以通过微课视频动画直观地发现:在直流电的作用下,一个水分子断裂氢氧单键,解离成两个氢原子和一个氧原子,两个氢原子之间构成氢氢单键,形成一个氢分子,两个氧原子之间构成氧氧双键,形成一个氧分子。直观的展示加深学生理解,形象的描述强化学生记忆,进而对教学难点实现有效的突破。

案例三 在教授"物质结构与性质"这个模块时,相关知识晦涩难懂,且多以微观世界中的基本结构为立足点。微观世界的不可见性、抽象性,使学生在学习这一模块时倍感压力。同时"物质结构与性质"模块因为在高考中题型单一、容易得分,成为高考选做题的优先选择内容。而部分教师在该模块的教学过程中,只关注考什么,考什么教什么,怎么考怎么教。如果是学生理解不了的知识和概念,那么就让他们死记硬背,希望通过大量练习使学生熟能生巧,从而令这一模块的教学陷入机械应试的泥潭,导致很多学生对这部分知识一知半解,似是而非,盲目地生搬硬套,一旦题目稍作改变就束手无策,对一些分析性较强的题目更是一写就错,常写常错。利用微课教学就可以很好地解决这类问题。"分子的立体结构"这节内容涉及价层电子对互斥理论和杂化轨道理论,教师在讲解理论的同时,可以借用微课视频展示电子云的3D动画,让学生直观地看到化学键的成键过程,深刻理解杂化轨道理论和分子立体结构之间的关系,帮助学生完成对这两种理论的理解和应用。在教授"晶体结构"这节内容时,晶胞的堆积方式尤其抽象难懂,学生不仅需要在课堂上通过模型和动画直观地学习,还需要借助微课做好课后复习巩固。通过微课视频展示微观世界中分子、原子、电子的运动方式、结构状态,能够让学生更深刻地理解知识，这是教师用语言描述难以做到的。

诸多调查证明，在微观对象的实验教学中应用微课教学，能够将学生的学习积极性充分调动起来，有利于提升课堂教学的质量与效率。微课视频嵌入的各种素材，化抽象为具体，化复杂为简单，带领学生窥见神奇的微观世界，加深学生对学科知识中微观对象的了解，不仅可以帮助学生建立形象思维的认知方法，还能帮助学生构建微粒观，准确理解相关概念与原理，加深印象，打破传统教学中的讲解模式，让难题迎刃而解，这是其他学习形式所无法比拟的。

2.7 优化科学实验，提升实验能力

在物理、化学、生物这些学科中，实验操作能力及实验观察能力是极最重要的实验能力，只有正确的实验思路、规范的实验步骤，才能保证实验的安全进行；只有严谨的实验操作、全面的实验观察，才能得出正确的实验结论。

在高中的化学教学中，化学实验一直占有很大的比重，教学中除了展示一些简单的化学实验，如用澄清的石灰水检测二氧化碳、一定物质的量浓度溶液的配置等学生分组实验外，还有一些操作难度大或者具有危险性的实验，这些实验不会让学生来操作，而是由教师在课堂上做演示实验，让学生观察实验。但是有些化学反应是在瞬间完成的，很多学生由于座位、视线、角度的限制，常常难以观看到实验过程的全貌，而微课恰好可以解决这一问题。

教师可以采取微课教学的方式，将实验过程录制成简短的视频，充分利用微课视频可以反复播放的特点，让学生提前了解实验的操作步骤以及方法，从而在课堂教学中就可以将更多的学习主动权交给学生。课堂上没看清楚实验过程或者实验现象的学生，通过微课视频，可以在课余期间再次观看整个化学实验的过程，加深学生对实验的记忆。微课教学在帮助学生理解相关知识的过程中起到重要作用。

教师还可以为学生建立虚拟实验室，主要对微课视频中的实验细节进行模拟，以此使学生在良好的环境中展开实验操作。通过创建虚拟的实验情境，不仅能降低实验过程的危险性，还能增强实验现象的观赏性。对于有环境污染及安全隐患的实验而言，微课更能表现出明显的优势。

案例一 在教授"浓硫酸的稀释"这个实验时，正确的实验操作是：将浓硫酸沿烧杯内壁缓缓注入水中，并用玻璃棒不停搅拌。教师一直告诫学生，如果将水倒入浓硫酸中，那么浓硫酸稀释时放出的热量，会导致爆沸现象，造成浓硫酸飞溅的危险后果。但是有的学生往往不以为然，所以可以做一节错误操作实验的微课视频，将水倒入浓硫酸中，学生看过微课视频后，就能体会错误操作带来的危险后果，明白正确实验操作的重要性，从而在今后的实验过程中规范操作，避免不当的实验操

作导致的危害。

案例二 在教授"酸碱中和滴定"这个实验时,当滴加最后一滴溶液时,溶液在一瞬间完成颜色的变化。在课堂上学生有时一眨眼或稍一走神就错过了观察的最佳时机,从而导致很多学生对这一实验过程不理解,做题常常出错。如果将实验过程制作成微课视频,通过反复观看微课视频,或减缓播放速度来加强细节观察,使学生加深理解。

案例三 在教授"氯"这节内容时,氯气是一种有剧毒的黄绿色气体,在课堂教学中一般不进行演示实验。这时应用微课教学可以将这一化学实验呈现在学生面前,让学生通过观看微课视频的讲解,掌握氯气的实验室制法、物理性质和化学性质。不仅如此,学生还可以通过减慢视频播放速度或者放大视频图像,细致地观看相关实验细节。微课教学避免了传统演示实验的弊端,这样不仅学生可以利用微课更好地掌握化学实验操作,还可以减少有毒有害的化学实验带来的危害。

教师可以利用微课提高实验的趣味性,提高学生自主学习实验的积极性。微课可以利用很多的网络素材。例如,影像资料、模拟动画、实际案例等,制作具有趣味性和吸引力的微课实验视频,引发学生对实验的兴趣,提高实验能力。虚拟实验室还能使学生的学习效率得到提升,减少化学实验的污染,实现化学实验的绿色理念。

2.8 课后针对复习,微课充当助手

高中阶段的理科学科知识具有繁杂抽象的特点,在传统的教学模式中,教师注重知识的总结和分类,容易忽略学生的掌握情况,不能兼顾学生的个别问题,达不到预期的教学效果。学生普遍反映,在课堂教学中,教授的知识能听懂,但是在做练习的时候就容易出现错误,这就需要教师完善课后辅导工作。

怎样才能兼顾不同学生的疑问呢?在传统的教学方式中,教师和学生查找相关资料是很困难的,为了解决某个问题而查找相关理论,需要一本资料一本资料地找、一页一页地翻,这一过程要浪费很多的时间与精力,往往效果也不好。

利用微课资源就不一样了,微课的灵活性、片段性、针对性可以很好地应对这个问题。微课资源本身就是一种便于携带、可以随时随地学习的教学资源,还可以被反复观看,做到了"24小时不打烊"地为学生答疑解惑,直到学生真正理解。将微课资源应用到课后复习中,可以很好地弥补传统教学方式的不足。

制作课后复习类型的微课资源前,教师需要提前收集学生对学科知识存在的疑问,针对课本中的概念、定理、规律,梳理其关键点,并延伸课堂知识,拓展运用方法,经过以上准备将学生的疑问分类整理制作成微课资源,以多媒体的形式展现出

来,从而更好地满足不同层次学生的学习需要。学生可以根据自身具体的学习情况,搜索相应主题的微课,在复习巩固中对症下药,进行有针对性的查漏补缺。

教师可以在微课教学之后,布置相应的练习,学生完成课后练习,做到更好地巩固学科知识。教师可以充分利用微课的这一特点,实现"四两拨千斤",全方位辅导全部学生的不同问题。

课后微课辅导学习可以增强学生的平等感。在教室内由于不同座位距离教师远近不同的关系,有的学生会感到被教师忽略,而在学习微视频时,他们感到教师是在给他一个人讲课,个体的存在感上升,所以在学习时会更加认真。

课后通过微课辅导学习,给学生提供了二次学习的机会。有的学生在遇到问题时,不好意思问教师,也不好意思问同学,本来的小问题就会变成大问题。接受能力稍慢的学生,在课堂上由于时间关系,无法及时理解讲课内容,导致课程学习落后。利用微课这种教学方式,无论是在课前还是课后,学生对不理解的知识点都可以反复学习。这样,教师完全做到了"随时随地、一对一、无限重复"的教学辅导,并且课堂上的交流讨论也培养了学生之间相互学习、相互帮助的沟通能力。

在微课中,教师不仅可以帮助学生建立完整的学科知识体系,还可以对相关的学科知识点进行补充,丰富学生的想象力,巩固学生的学习效果。

不可否认的是,一节成功的微课教学资源,从前期学生的问题反馈,到教育教学资源的整理,再到微课视频中的动画设计,都需要教师付出大量的时间和精力,所以微课的制作不是一个人能够肩负起来的,而是需要一个优秀团队的长期坚持。一节成功的微课教学资源在时间和区域上产生的影响,是其他教育教学模式不能比拟的。

综上所述,将微课教学引入到课堂教学中辅助课堂教学,不仅可以吸引学生的注意力,激发学生的学习兴趣,改善课堂教学效果,营造课堂互动氛围,还可以突破教学重难点,方便学生在课下复习巩固,缓解教师的教学压力,一举多得。

2.9 通过交流学习,专业获得成长

信息时代的每一位教师必须以敏锐的信息素养、开放的教学理念和学习者的姿态,积极参与新技术、新媒体下教学方式的变革。作为新时代的教师不能满足于传统的"一张嘴、一支粉笔"满堂灌的教授方式,要将优秀的信息技术成果渗透到教育教学的全方位。

微课教学作为一种辅助手段,对教师教学水平具有提升作用。一方面,教师设计微课内容时,需要将微课教学和课堂教学科学结合起来,优化自己的教学方式。微课的制作需要教师对学科知识、教学设计进行更加细致的整理。微课的教学设

计相当于一次完整的备课、缜密的授课,需要对学生的认知与心理进行再一次探索,将教师对学科的理解转化为二次创作的成果。

另一方面,在制作微课的过程中,教师通过观看自己制作的微课,不断模拟学生对微课视频中学科知识的理解,找出自己教学中存在的问题并及时进行修改,这有助于教师对教材的理解,帮助教师发现平时疏忽的地方,教师的专业技能得以成长,不仅整合信息技术的能力得以提升,而且对学科知识的掌握、教学技能的运用也将再上一个台阶。

此外,微课视频浓缩了作者对教育教学的理解,包含教学内容、教学方法、教学经验技能、方法传授、考点归纳、题型精讲、教材解读,能够完整地传递作者教育教学思路和心得,有助于优秀教师先进的教学思想和经验的传播,增强教师间的交流,便于其他教师学习,提高广大教师的眼界,提升教育教学的水平,丰富自身的学科知识,从而带动更多的教师参与微课开发和教学研讨,探索并建立起一系列的保障措施。在微课资源的帮助下,教师能够更深入地备课,既可以节约备课时间,又能提高课堂教学效率,激发学生学习热情。

在课堂运用微课时,教师可以通过师生互动发现微课的不足,不断地改进,帮助自身更好地理解学科内容,快速提高教学水平和学科素养。

然而,微课教学也存在一个不容忽视的问题。微课教学建立在网络信息技术的基础上,对于青年教师来说,他们能够很好地接受新事物、新方法,能够较快地学习、掌握微课制作软件;他们对基于网络媒体的微课教学方法,有着极大的兴趣与热情,能够很快适应新网络时代的教学工具,运用新的教学方法和工具,亲身践行教育教学改革。但是对于年龄稍大的教师来说,虽然对微课教学的方式表示肯定,但在微课制作软件的操作、教学视频的拍摄、网络资源的搜索等方面,表现出力不从心的情况,从而造成微课教学不能得到全面推广。因此,需要青年教师带动年龄稍大的教师,并对其耐心地帮教和培训。

第 3 讲 微课在数学学科中的应用

教育理念是教学开展的方向和指南,教学实践紧跟教育理念,是一种教学实践自我发展的有效措施。随着我们对于教育的不断认识,教师应该明确促进学生全面发展是教育的本质,在新教育理念下,不断地引入新思路、新技术、新方法,实现对教学的拓展是教育发展的趋势。

3.1 微课教学应用于数学的学科背景

《普通高中课程标准》(实验)中提到数学学科的课程要求:开展数学教学的目的在于,增强学生运用所学数学知识的能力,以及分析问题和解决问题的能力。

在新的教育理念下,我们对于开展教学有了新的思考,我们应不断地丰富教学模式,不断地提升学生学习体验,使学生在多元化的教学环境中快乐地学习,享受地学习。微课教学就此进入我们的视野,将微课教学引入到课堂数学教学之中,能够有效地丰富数学教学活动,促进数学教学的开展。

在数学学习中,什么是最重要的?这个问题在很多国家都讨论过,大多答案是:问题是关键。问题是思考的结果,是深入思考的开始,学生学会学习的重要标志就是学会思考。为此,教育教学模式不断在实践中探索,不断在摸索中更迭。从传统课堂教学教师独白的阐述阶段,到关注课堂教学的师生互动阶段,再到生本课堂教学阶段,直到现在基于微课教学的翻转课堂教学阶段,都在关注如何教授学生学习的方法,让学生学会学习、学会思考等方面的问题。

由于数学学科严密的逻辑性,使教学的难度升级,教学效果不理想,归纳起来主要有以下三点原因:

(1) 数学学科本身的特点

数学学科是学校教学的重要组成部分,它在完善学生的逻辑能力、开发学生的思维能力等方面有重要作用。但是数学学科是一门抽象性、逻辑性、严密性和实践性都较强的学科,实例不如物理、化学、生物学科形象,素材不如政治、历史、地理学科丰富,有着与生俱来的枯燥与乏味,而且丝毫的疏忽都会导致全盘的错误。如果学生想把数学学科学好,就需要有良好的学习习惯,做到课前预习、课堂解惑、课后巩固，不然就会造成学生基础知识不牢，学习效果欠佳，影响学生整体成绩。

(2) 学校教学模式

在数学学科的课堂教学中，因课堂时间有限，教师为了保持一致的教学进度，完成既定的教学内容，不得不专注强调数学公式、定理、性质等基础知识以及解题技巧，相同的内容没有时间重复教授，课堂上留给学生自主探索、交流研讨的时间也非常有限。

同时由于班级人数众多，教师在重难点内容的讲解上，难以实现与每个学生一对一的沟通交流。学生理解、掌握的情况不同，有的学生在课堂上没听懂，课后不能及时解决，会造成学习上的阻碍，导致学生难以跟上教学进度，学生的创新能力和探究意识得不到充分发展，从而使学习兴趣降低。

教师唯恐学生不理解教授的知识，就会用教师的讲解代替学生的思维，用教师的思路限制学生的发散，从而造成教学过程更加枯燥，无法调动学生学习的积极性。教师缺少对学生数学思维品质的培养，特别是学生自主创新意识的培养，学生只能被动地接受知识，缺少主动消化知识的过程，导致学生逐渐丧失对数学的学习兴趣，失去学习数学的动力。

(3) 课后辅导缺失

学生在课堂练习或者课后作业中，多以模仿例题为主，生搬硬套，不能完全理解和运用题目信息，因此对于灵活度稍高的题目，学生就会出现大面积错误。如果教师不能及时发现每个学生的错误思路，并给予指导纠正，学生就会一错再错。为此教师只能凭借教学经验，根据以往教学过程中学生经常出现的错误，进行补充练习，但很难适应全体学生的情况。一些课后辅导机构的水平也参差不齐，教育方法不恰当，无法对学生的学习进行较好的辅导，学生也得不到针对自己薄弱环节的练习。这些因素就容易造成学生学习效果下降，学习兴趣丧失，甚至中断学习的现象。

伴随着计算机软件技术的迅猛发展，越来越多的远程教育学校不断涌现，微课教学给数学带来了新的教学模式，为教育教学提供了一个更加广袤的沟通空间。

在课堂教学中引入微课资源，是对课堂教学的有效补充，微课教学不仅适合移动学习时代知识的传播，也适合学习者个性化、深度学习的需求。近几年，在教师培训中微课资源的制作与使用占了很大的比例，较多的观点认为微课资源的制作，既提高了教师的专业素养与教学的基本技能，又推进了教学中信息化的实施。同时使用微课教学也使学生受益匪浅，尤其是利用课余时间进行二次学习，引导学生思考，指导学生怎么学以及学什么，这大大提高了教学效率和教学效果。

因此，在当前的教学实践中引入信息技术成果是教学的改革方向，在实践层面，将微课资源引入数学教学中，是教学实践改革的需要。在基本教学的层面，微课能够对课程教学进行有效的补充，在实际教学过程中将学习主导权交给学生，让学生通过微课资源能够进行自主学习。

3.2 微课教学在数学教学中的具体使用

知识传播和知识内化是教学过程的两个阶段。传统的教学过程是教师在课堂上传授知识、布置家庭作业,学生通过课后作业的练习,实现知识内化。但是数学学科概念、结论晦涩难懂,课后练习灵活,学生独自预习或巩固练习,很难理解课本中的知识点及公式定理的使用方法。而微课教学改变了传统的教学过程,帮助教师实现课堂教学与课外学习的置换,将先教后学转变为先学后教。随着教学过程的颠倒,学生和教师的角色发生了变化,教师的备课、上课也发生了巨大的变化,教师的课堂教学环节更多地是去整理学生的问题和引导学生有效运用知识解决相关问题,从而达到最佳的教育效果。

1. 在课前准备阶段的教学实践

微课资源的应用使学习流程重新建构,实现了"先学后教,以学定教"的教育模式。

微课教学实施的第一步与传统的教学模式一样,首先教师要撰写教学设计。教学设计是制作课件、录制视频、整理微课资源的基础,是学生课前学习的依据。通过教学设计可以让学生对本节课内容有一个大致的了解,引导学生利用旧知识向新知识过渡,让学生提前知道教学的重点内容和难点内容。因此,在微课的设计过程中,应结合学生的实际情况,提前调查研究,进行教学预设,对教学过程中知识点的教授方法进行科学的分析和处理,使知识的教授符合学生学习的认知规律,实现个性化和有针对性的教学,对学困生课后补偿及尖子生课后提升起到实质性作用。

微课资源选定的知识点,要能够有效解决教学过程中的重点、难点、疑点、考点等问题,并且在制作微课的过程中,要动静结合,选取的素材要尽量是学生易于接受的图片,注意搭配适量的文字,尽量降低视频画面中的文字量,这样才更有利于吸引学生的注意力。同时对概念、定义、法则、性质、判定等细节问题既要做到明晰直观,又要做到剖析拓展。

在课堂教学中,教师常会设计一些问题一步步地引导学生思考、回答,最终得到想要的结果。一节微课的教学内容虽然微小,但也是围绕一个知识点的一节课,因此微课教学前教师需要提前精心准备对应的问题,便于指引学生更好地自学,帮助学生完成知识的摄取和分析,达到事半功倍的效果。

学生可以通过教师发布的微课资源完成教学预习,也可以通过互联网搜索其他微课资源进行预习,学生不再单纯地依赖教师在课堂上的知识教授,在课前就完成知识的学习和传授。教师不仅提供微课资源，还需要提供在线辅导。在学生利用微课资源学习时，教师能够快速解答学生遇到的问题，保证学生预习的效果，同时也为完善微课视频提供修改的方向。

"学"是对知识的接受，"习"是对知识的运用。在微课视频教学之后，学生需要完成一份针对性的跟踪练习，以加强对微课内容的巩固，并发现自身对知识掌握的薄弱环节，所以教师还要设计一份与微课相匹配的"进阶练习"。"进阶练习"中题目的数量和难易程度要合理设计，做到"跳一跳摘得到"，树立学生学习的信心。学生不但能够对知识掌握情况进行自我检测、自我补充，而且还能更好地运用所学新知识，提高发现问题、提出问题、分析问题、解决问题的能力。

学生要及时反馈进阶练习，教师在课前认真批改练习，通过练习了解学生对知识的掌握情况，以便设置课堂上的问题，重新规划课堂教学时间，对学生都能理解的内容粗略讲，对学生不能掌握的内容精讲、细讲，这样有利于突破教学重难点。

案例一 在教授"等腰三角形性质"这节内容时，学生需要掌握等腰三角形的性质，包括等边、等角以及三线合一，在此过程中教师引导学生将等腰三角形的性质和以前学过的其他数学知识相互结合。在正式授课之前，通过微课资源为学生展示生活中等腰三角形的图片，比如金字塔、三角板以及屋顶等，同时让学生观看有关于等腰三角形性质的微课视频，让学生课外自主学习。在完成微课资源的学习后，对学生进行提问，整理归纳微课资源中蕴含的相关知识。学生在复习以前学习过的等腰三角形知识的基础上，进一步探究等腰三角形的新性质，从而建立新旧知识间的联系，这种方式有助于学生对新知识的理解。在学生学习微课资源之后，让学生利用手中的工具制作一个等腰三角形，通过折叠的方式判断等腰三角形的两条腰是否相等、两个腰对应的角是否相等。如果相等的话，如何在三角形中画出相应的对称轴，等腰三角形底边上的高和中线与顶角的平分线有什么位置关系。通过微课视频引导学生自己动手操作，不但能够锻炼学生的动手能力，还能够激发学生的学习兴趣。经过学生的课前预习，在课堂上，教师可以引导小组讨论或者独立思考后，将学生分为几个小组，针对等腰三角形中相等的线段、相等的角以及等腰三角形底边上的高和中线与顶角的平分线合一的位置关系展开论证，并让学生将每个小组的讨论结果进行归纳总结。如果在此过程中有小组的讨论结果出现失误，教师可以不立即纠正错误，让学生在接下来的正式授课中自己发现存在的错误，这种学习方式能够锻炼学生的独立思考能力以及合作讨论的小组意识。

案例二 在教授"统计图表"这节内容时，教师收集身边有关统计调查的信息和资料，制作成微课视频展示给学生，能让学生在脑海中建立起丰富的感性认识，学会用数学的观点去观察、分析问题，用数学的眼光看世界。通过微课视频可以较直观地体现每种统计图的特点，学生可以较清晰地分析其利弊，进而确定每种统计图的使用情况。特别是对茎叶图的学习，何为茎、何为叶，通过分析例题学生理解起来就简单明了多了。教师在此基础上进行教学，使学生对概念的认识更清晰，对于设计不同的统计图表、收集整理数据以及统计分析等方面的学习自然就得心应手。

案例三 在教授"二次函数的图像"这节内容时,如果在黑板上一点一点地作出抛物线,不仅作图的准确性不能保证,而且即使花大量时间也不能作出图上每一个点。只通过部分点和知识分析得出其图像,可能导致部分学生内心存有疑惑,二次函数的图像到底是不是这样呢?基于此种情况,我们利用多媒体技术,将图像的绘制过程做成微课,让学生可以直观感受参量变化过程中图像的整体走势情况,并引导学生在课前观察讨论、研究思考,这样既能节约课堂时间,又能加深学生对二次函数图像走势的理解。

案例四 "分式的混合运算"这节内容,是整式运算、因式分解、分式运算的综合体,甚至包含各种运算定律,不是一堂课能讲完的。利用微课资源,学生就可以对此节内容重复观看学习,直至自己完全理解。还可以在课前预习的时候先进行观看,基于自己观看的情况记录自己心中的疑问,待老师在真正课堂讲解的时候认真听讲,解决问题。如果老师课堂未提及自己的疑惑,再单独请教老师。这样一来,既提高了课堂效率,又节省了时间。

案例五 在教授"三视图"这节内容时,微课中设置了这样一个问题:你发现生活中有哪些简单的组合体和切割体?请尝试作出它们的三视图。在课前要求学生认真完成,并在第二天的课堂上展示他们作出的形式多样的物体三视图,并让其他同学猜测并讨论是什么物体。这种形式可以达到传统课堂中无法达到的教学效果。

案例六 数学章前引言的处理是让很多教师头疼的问题,章前引言包含的信息量大而且重要,不介绍不合适,但是这么多的信息,又很难在课堂上完全展示出来,常常会让教师陷入两难的境地。所以在每一章的第一课教学中,教师就可以利用微课解决章前引言的问题。如高中数学"不等式与不等式组"的教学,在第一课时不等式及其解集的教学中,利用五分钟左右的微课,从初中学习中已掌握的一元一次方程入手,让学生大致了解本章所要学习的内容、需要利用知识点解决哪些类型的问题以及重点掌握什么知识点和方法。微课的情境性激发了学生对本章内容的学习兴趣,同时学生对本章节的内容也有了系统性的了解,这种教学方式要比教师直白讲解更有效。

微课资源传播方便,可以反复看,不受时空限制,方便学生随时随地进行自主学习。微课预习没有教师亲自指导,知识的传递不再是教师到学生这唯一渠道,而是由学生自己建构知识;学生接收知识也不再是被动地聆听,而是主动地发现问题、解决问题。同时视频材料在学生需要思考时,可以暂停学习进度,方便学生自主控制学习进度。微课教学模式下,学生可以自主学习,自定进度,然后整理收获。

2. 在正式教学中的教学实践

在传统教学中,数学教师大多是借助多媒体课件讲解教学重难点、演示解题的过程,教学内容是由教师提前预设的,教学进度也是由教师操控的,讲解节奏、速度是受课程教学进度影响的。这些都取决于教师,学生只是听众,是被动的接受者,因而学生学习的兴趣被掩盖,学习的效果大打折扣,学习反馈不全面、不及时。

其实在课堂教学中,微课也可以融入进来。微课的核心组成内容是教学视频,是数学课堂教学情境设计中非常关键的一步,微课的动画设计对声音和视频的展示可使数学教学更有趣。教学中引入微课视频能吸引学生的注意力从而引发学生思考,解决传统课堂费时费力或无法展示教学内容的问题。另外也可在微课中引入闯关游戏的测试,让学生积极参与其中,体验成功的喜悦,激发学生学习数学的兴趣。

比如,在课堂导入环节中,对于讲述性较强的知识点,如概念、定理定律等可以借助微课进行层层引导。微课的内容可以激发学生对旧知识的回忆,帮助新知识的引入;通过对旧知识的分析,形成一个新刺激、新问题,让学生自然而然地随着微课的引导,进入课堂学习。运用微课进行导入可以调动学生的各种感官,符合学生多元智能的学习需求,能更好地激发学生的学习兴趣。

除了新课导入,知识理解、练习巩固、小结拓展等环节都可以为学生提供微课视频,吸引学生的注意力。微课可以将教学内容以多媒体的多元化形式呈现给学生,生动、形象、直观,让学生从过去被动接受的学习方式转变为主动探索的学习方式。

学生根据自身的接受能力及理解程度,反复地学习微课内容,教师提前了解学生的学习困难,在课堂上给予有效的辅导,课堂就变成了教师与学生之间或学生与学生之间互动的场所,包括答疑解惑、知识的运用,讲解学生在自学过程中出现的问题,学生之间的相互交流更有助于促进学生知识的吸收和内化。与此同时,还可以对学生所学知识进行简单的测试。

案例一 在教授"圆的性质"这节内容时,利用10~15分钟播放微课视频,使学生掌握本节课中的基本内容。接着将学生分为几个小组对圆的性质展开猜想和讨论,并尝试对其中的重点知识进行推理论证。在讨论结束后,教师可以对学生提出几个问题:学生认为圆的性质主要包括哪些内容?如何计算出圆的周长?然后,针对学生出现的问题,先组织学生共同讨论,再由教师进行讲解分析,最后师生共同归纳总结得出正确结论。学生在此过程中,可以根据自身情况选择一个自己感觉理解不透的问题进行提问,通过与其他学生讨论交流,从而真正掌握该知识。

这个过程蕴含着问题的提出、问题的猜想以及问题的论证,学生通过以上几个步骤,不但能够培养独立思考能力、发现问题和解决问题的能力,同时还能在提高学习效率的同时,增强学生的合作能力和团队协作力。

案例二 在教授"二次根式"这节内容时,在学习代数式的过程中,运用动态感十足的动画可以很清晰地讲述有理数的加、减、乘、除、乘方的运算法则和运算律,以及无理数的开方。同时二次根式也是后面将要学习的"一元二次方程"和"勾股定理"等内容的重要基础。这样一个简单的动画微课,既吸引了学生的注意力,又明确了二次根式的重要性,激发了学生学习的兴趣和积极性。

案例三 在讲授"二次函数的图像"这节内容时,学生总是很难理解"描点"之后连线时为什么是光滑的曲线、什么是光滑的曲线。这时可以展示事先准备好的根据函数式所描出的多个密集的点形成的轨迹的微课内容,便会清楚地显示这些抛物线从何而来。这比在传统课堂上用粉笔一点点地算,一点点地描,再慢慢地连线,要更精确、更细致、更客观、更省时,更易于被学生接受。

案例四 在教授"线性规划"这节内容时,可以通过微课先在同一个直角坐标系中制作一组可行域出来,让学生对照自主预习的内容在图中正确找出相关的点和数据。

对于数学学科中难以理解的概念、公式的推导以及重难点知识,也可以用微课的方式展现。如教授定积分求面积和体积这一节时,运用微课可以将复杂的知识点分割成简单的知识点,通过简明清晰的方式展现给学生,可以很好地补充课堂讲解中不详细或学生没听明白的地方,使学生加深对重要知识点的掌握。

微课资源把学生、信息技术等有机地融合在一起,将课堂教学的主动权交给了学生,提升了学生的学习兴趣,提高了课堂教学的效果。每一位教师都要坚信,没有好生、差生之分,只有不同的学生对同一样新事物、新知识的接受能力不一样而已;没有学不会的知识,只是接受理解新知识所需的时间长短不同。在微课教学中,课堂的重点不是对课程中的新知识进行讲解,而是订单式地解答学生自主学习过程中遇到的疑问、困惑,在课堂中共同探讨解决,真正实现了"先学后教,以学定教"。微课教学改变了传统的课堂教学模式,更好地实现了每节课的学习目标。

3. 在课后阶段的教学实践

在数学学习的过程中,复习巩固是很重要的一环,通过复习能够加深学生对知识的理解和掌握,使知识掌握得更为牢固。

学习数学时,由于学生存在差异性,对已学知识的掌握程度又不一样,课堂上不能保证人人都能完全理解掌握,对于部分不能完全听懂的学生,课后不能积极主动复习的学生,且对于基础相对较弱的学生而言,自主复习需要解决的问题和内容又比较多。而作为教师,由于时间的限制,为了顾及每个阶段的学生,大多数教师都采用题海战术,通过大量的练习来锻炼学生的数学运算能力与应用能力,检验学生对知识的掌握程度,以此来提高成绩。但过多的练习加重了学生的负担,使得学生对数学学习的兴趣大大降低,导致实际效果并不理想。教师如何帮助学生课后有效地复习呢?课后教师又怎么能帮到每个学生呢?现在就多了一种选择,教师可以尝试利用微课视频对课堂知识展开补充、讲解和复习辅导。

数学章节多,概念多,记忆量大,时间跨度长,学生遗忘严重,通过微课教学可以让学生很好地进行复习巩固。微课教学资源围绕某一个知识点进行讲解,包含对知识点的归纳和不同难度的例题讲解,可以反复观看学习。学生通过网络空间,对课堂上没听懂的问题或遗忘的知识,利用微课资源在课余时间自主地选择查找相关微课视频进行学习,不受时间和地点的限制,根据自身情况,需要播放几遍就播放几遍,直至完全学会,就如同请了一位贴身家教。微课不仅培养了学生独立自主的学习能力,而且为学生提供了二次学习的机会,有利于学生对知识的掌握。

数学复习型微课具备较强的指向性,专题复习是对现阶段所有类型知识的系统总结,学生学习的难度较大,如果将该部分内容制成微课,就可以方便学生抽取零碎的时间进行反复的观看。在微课中应注重讲解正确的方法,分析易错的地方,让学生既知道正确的解法,又知道容易犯错的点。通过微课展现专题复习,画面的生动性和趣味性能够让学生快速进入复习状态,缓解复习时的枯燥,提高复习效率,同时也对学生解题思路和方法的培养有良好的效果。

数学微课教学不仅包括知识讲解、例题展示,而且针对学生不易掌握的难点或重点,经过教师精心设计教学过程,配以简明精要的讲解,让学生在家自由选择学习,反复理解,及时巩固所学知识,直到完全掌握为止,引导学生突破难点,从而提高学生的数学素养。如果学生还是有不明白的地方,可以在班级群里问其他学生,互相帮助,共同提高;也可以在线询问教师,教师帮助学生答疑解惑。这种教学方式不仅能打破传统教学理念的禁锢,将学生的独立性、灵活性以及主动性等作为主要培养方向,还能培养出更多的应用型人才。

学生在课外通过视频完成复习巩固,这样不仅能够节约教师的精力与时间,同时还有利于学生自己制订学习计划,在一定程度上加强了学生的自主学习能力。为了使每个学生都能认真地观看视频,教师还可以布置任务,并要求学生在课前上交。

案例一　在教授"圆的性质"这节内容时,由于圆本身与其他图形相比具有一定的特殊性和复杂性,仅仅依靠课堂并不能对其性质进行全面讨论,因此,学生可以充分利用课下时间观看有关圆的性质的微课进行巩固练习。在此过程中,教师可以为学生设置第二课堂,学生在第二课堂中需要独立完成相应的知识检测,根据自己的检测结果学习具有针对性的微课资源,进而真正掌握所学的知识。同时还可以与其他学生交流与本节课知识相关的拓展内容。例如圆的对称性质、圆的垂直定理;垂直于弦的直径平分这条弦,并且平分弦所对的两条弧;外切圆以及内切圆的性质等。

案例二　在教授"一元二次方程的解法"这节内容时,解一元二次方程的公式法和配方法是重难点,特别是对求根公式的推导,推导过程计算量大,耗时较长,若教师带领学生板书公式的推导过程,费时费力,学生容易陷入疲劳状态,影响后续对公式应用的学习。教师将求根公式的推导过程以及公式法和配方法制作成微课视频,发布给学生,学生课后自主学习微课,根据自己掌握知识的程度去寻找更多的拓展内容,有针对性地复习,从而能有效理解课本知识,突破学习难点,查漏补缺,最终掌握这些知识。

案例三 在复习"复数"这节内容时,由于本节知识点较简单,但相对较繁琐,教师可以将实数相关的知识点,如运算方法、运算规则等进行归纳并录制成微课,同时录制本节的重难点、各种题型、易错题等的解题思路,让学生根据自身掌握的情况来分配观看微课视频的时间,完成本节课的知识结构图及相关的复习题。

随着人们对微课教学的重视程度越来越高,如何提升微课教学的应用质量,成为更多人思考的重点问题。网络凭其自身优势,为教师与学生之间、学生与学生之间提供交流的平台,促进一种交互式的教学过程的形成,改变了传统的教学模式。同时微课应用于数学教学过程中,不仅能够有效地提高学生的学习兴趣,调动他们学习的主观能动性,还能帮助他们明确地把握所要学习内容的目标及要求,更好地掌握课程的难点、重点。

3.3 微课教学应用于数学的类型设计

1. 微课应用于概念教学

数学是思维的科学,概念是思维的细胞。数学概念是数学知识的基础,是数学思想与方法的载体。一个数学概念的背后往往蕴含着丰富的数学思想,有的数学概念本质就是一种数学观念,是一种分析、处理问题的数学方法。

著名数学家华罗庚曾说过:"数学的学习过程,就是不断地建立各种数学概念的过程。"只有正确地理解数学中的各种概念,才能更好地掌握各种法则、公式、定理,才能应用所学知识去解决问题。因此,抓好数学概念的教学是提高数学教学质量的关键。

对于数学概念的教学,一直存在两种较为普遍的现象:一种是"一个定义,三项注意"式的套路讲解,在学生对概念还没有基本理解的情况下,就进行概念的综合应用,甚至有许多教师认为,教概念不如多讲几道题目更"实惠";另一种是教师能认识到让学生真正理解概念的重要性,所以在概念的教学时,为了把概念讲解透彻,不厌其烦地反复强调,结果是教师讲得口干舌燥,学生听得头晕脑胀,效果自然也不尽人意。

数学概念一般比较抽象,具有既严谨又简洁的特点。学生对重要概念的接受和掌握不是一蹴而就的,学生需要一定的时间、过程和经历来建立和发展一些重要的数学概念。所以对于概念的教学,教师不能期望一节课就能使学生理解并掌握。如果学生对基本概念只是死记硬背、不求甚解,直接后果就是学生只会机械地模仿教师讲解的例题,一旦遇到新的问题就束手无策,这显然有悖于"教育要关注学生的终身发展"的新课程理念。

案例 在教授"椭圆及其标准方程"这节内容时,教师可以让学生在课前观看圆和椭圆形成的视频。让学生通过类比圆的定义,自行归纳出椭圆的定义,再将各自得到的结论在课堂上进行交流讨论,最后在教师的引导下,逐步完善,最终形成椭圆的定义。当学生在课堂上交流自己得出的椭圆"定义"时,教师还可以预设问题,如有些学生说"平面内,到两个定点的距离之和等于定长的点的集合叫作椭圆",这种说法正确吗?为什么?然后学生进行交流,教师利用课件演示,师生不断完善修正,最后共同归纳出椭圆的定义。

重视概念的自然生成可以促使学生对原有的知识、技能进行再认识、再加工,进一步深化提高,从而把已有的认知能力充分地调动起来,积极参与到新的学习活动中。

2. 微课应用于突破教学难点

数学解题能力是衡量学生数学素质高低的一个重要指标,当前高考的能力立意命题也说明高中数学教学应更多地关注学生数学素养能力的培养。人教版高中数学教科书中的"主编寄语"是这样说的:"学数学能提高能力","在数学中得到的训练和修养会很好地帮助我们学习其他理论,数学素质的提高对于个人能力的发展至关重要"。

在数学教学中,合理利用微课资源可以对课堂教学进行延伸与拓展,微课资源作为多媒体技术的集成,是基于视频等多媒体资源开展的一种新的教学模式。微课资源可以有针对性地讲解某一知识点,展示解题步骤和方法技巧的应用,在开展教学的过程中丰富教学手段,使学生能直观地理解和掌握教学重点和难点,从而突破教学中的重难点。比如,有些知识比较抽象,学生难以理解;有些方法、技能比较特殊,学生不易掌握,教师要着力运用有效的办法加以突破,可以将典型问题的分析、求解过程录制成微课,重在帮助学生提高审题能力,理清解题思路,克服思考时遇到的困难。

以数形结合这类问题为例,这类问题是学生学习以及运用所学知识的关键,也是教学的难点。传统教学方式通过教师作图的方式,引导学生建立数形结合的思想,但是在图形的准确性和美观性方面无法做到尽善尽美。比如三角形相似、三线八角之间的关系判断,作图不够准确反而容易让学生产生错误的认识。如果引入微课,利用电脑作图,通过微课视频形象生动地展示几何图形的位置变换、角度变换、大小变换,演示多种几何图形的动态变化,省时省力且生动、形象,就可以帮助学生清晰直观地观察图形建立,有效地促进学生对于图形变换的理解,准确地构建数形结合思想。微课教学不仅能有效满足现代教育改革需求,更促进了学生自主学习,进一步增强学生分析问题和解决问题的能力,帮助学生在脑海中建立几何图形的空间关系,降低学习难度,真正提高数学教学质量。

案例一 在教授"数列求和——错位相乘法"这节内容时，这种解题思路比较"特殊"，这里的"特殊"有两层含义：其一是方法的特殊，因为它只适合于特殊类型的数列求和；其次是"现象"的特殊，就是学生都知道有这种方法，并能正确地做出选择，但是最终得到正确结果的学生却寥寥无几。教师们常常抱怨"这样的问题我不知讲了多少遍，学生总是会错"。学生出错的原因，主要就是求解过程不规范而导致运算错误。虽然课堂上教师不厌其烦地强调、示范，但这种大众化的教学方式对部分注意力容易分散的学生收效甚微。我们不妨利用微课，把规范的求解过程"模式化"地展示出来，让经常出错的学生反复观看，实行"一对一"的教学。

案例二 在教授"正方体的截面"这节内容时，可以将正方体从不同角度截得的截面作为动画内容，让学生充分理解截面。正方体的截图分别有普通三角形、等腰三角形、等边三角形、矩形、正方形、梯形、平行四边形、菱形、五边形、六边形等。借助微课我们能从多方位、多角度、多侧面描绘立体图形，解决平面立体图形与真实立体图形在视觉上的差异，培养学生的抽象概括能力，从而提高数学课堂的效率。

3. 微课应用于复习课教学

就中学生对学科知识的认知程度与目前数学课本的难度而言，要使学生在有限的时间里完全理解与掌握课本中的重点与难点，可以说是很困难的。学生对知识的接受能力又存在差异，这就导致部分学生理解得不够深入，影响数学知识的掌握。

课后复习尤为重要，可以起到巩固知新的作用，是教学中一个非常重要的环节。复习课对于夯实学生的基础，培养和提高学生运用知识分析、解决问题的能力起着举足轻重的作用。在复习过程中，通过师生共同对某一阶段所学的知识进行整理归纳、查漏补缺，使学生所学的知识系统化、网络化。

然而如何上好数学复习课，让学生既温故又知新，是令众多教师感到头痛的问题，复习课面临的最大困难是：学生对复习课的学习激情较低，没有新课程学习的新鲜感，而且复习的内容多而课时又少。如果教师只是机械地重复所学的知识，学生肯定会感到索然无味，自然也就谈不上有什么收获了。

在传统的复习课中，解决这一难题的一般途径是：教师反复强调，学生记录笔记。但笔记记录的是主要的知识点，缺乏讲解，利用微课教学就可以有效地解决此类问题。在微课制作前，教师需要及时了解学生的学习情况，可以通过学生作业或课后练习的答题情况，搜集学生反馈的重点与难点问题，筛选出学生易错易混淆的知识点，将这些问题归纳整理，运用准确、简洁、严谨的语言表述出来，并配以图表解析。以微课视频的形式在数学复习课上展示，不仅可以解决内容多、课时少的问题，还能充分调动学生学习的积极性和主动性，让学生对学过的知识进行自我整理。

微课应用于复习课不仅是学科理论知识的回顾复习,还包括学科知识在解决学科相关问题中的应用。微课通常在翻转课堂内使用,让学生以小组合作的模式解决学科问题,并在课堂上用微课视频的形式展现出来,让学生集体参与讨论、探究、比较。此外,还可以将课本中选修部分与应用相关的内容提供给学有余力的学生去完成。

复习课中的微课资源,可以是围绕某个知识点的微课,也可以是按专题制作的微课。专题微课可以帮助学生把知识串线、结网、形成体系,突破经典例题。还可以把考纲或课标解读制作成微课,让学生明白考试怎么考、考什么等问题。让不同层次的学生根据自己的需要进行学习,这样学生能有充分的时间理解、深化,使疑点、难点得到有效解决,同时构建属于学生自己的知识网络,内化成学生自己的知识应用能力,挖掘知识的内在联系,提高学生利用所学知识分析问题和解决问题的能力,这样学生解决问题也就游刃有余了。微课这种分层次的复习方式,既满足了学有余力的学生,也充分兼顾了学有困难的学生,是一种契合时代要求的辅助教学方式。

教师的工作是一个漫长的历程,刚把一届懵懂的学生教会,他们却要毕业了,紧接着又来了一批同样懵懂的学生,周而复始。对于知识点的讲授、易错易混淆的概念剖析、重难点的突破技巧、学生易错题型的解析,教师一届又一届地不断重复,不断地纠正同样的错误。如果将这些过程、技巧、问题制作成微课,虽然不能做到一劳永逸,但也能做到轻松应对。如果将这些微课资源进行共享,教师相互借鉴、相互补充,就可以发挥出微课教学的巨大优势。

4. 微课应用于试卷评析

评析是教学中不可或缺的一个环节,评析的主要目的是为了全面了解学生的数学学习效果,激励学生的学习和改进教师的教学。测试是评析教学的一种重要手段,而试卷评析则是测试的延伸,通过试卷评析既可以帮助学生纠正错误、补缺补差,又可以帮助教师发现自己教学方面的问题和不足,改进教学方法。如何上好试卷评析课,是每一位教师都要面对的课题,也是难题。

由于学生个体的差异,他们答题的情况自然不尽相同。如果教师逐题评析,不仅时间不允许,而且做对的学生不感兴趣;如果只是让学生核对答案而不评析,那么做错的学生在学习上存在的问题将得不到及时解决,试卷评析的目的就没有达到,必然也会影响后面的学习。

教师可以利用微课来评析试卷,这样就不需要占用课堂时间,具体做法如下:

首先,教师把试卷批改好后,对整个班级的考试情况进行统计分析。统计分析的好处如下:一方面有助于教师了解对每一题不同学生的答题情况、每个学生对不同题目的作答情况;另一方面每个学生可以了解自己的成绩在班级中所处的位置。

然后,对于较普遍的错误,教师需认真分析其错误的主要原因,并把一些典型的错误筛选出来,作为微课试卷评析的素材。由于时间较短,所以教师在评析的时候要轻重分明,重点评析得分率较低的题目。教师在评析时不应只讲解该题怎么做,而是应该从学生的角度分析,利用学生的错误答案,分析学生错误的原因,这样学生更容易接受。对于某种通性通法的题目,教师要进行总结分类,并且强调哪种方法适用于哪种类型,以便学生在观看学习时反思总结。

最后,学生可以根据自己的情况选择性观看,只看自己做错的题目或者是需要再次学习的题目。教师应及时解决不同学生的解题问题,同时纠正不同学生的错误,提高试卷评析的效率。教师还要追踪检查试卷评析的效果,因为学生是利用课余时间自主学习微课的,教师很难了解学生的学习情况,所以在评析某道题目后可以布置一些相关的练习,让学生独立完成并交给教师批改,教师要做到及时反馈。

3.4 微课教学应用于数学的具体作用

1. 丰富数学教学内容

从整体上看,数学学科的教学内容有很多概念、性质等知识,这些知识描述很简单,但理解和应用却很难,学生的知识水平有限,很难全方位地理解与把握数学知识,从而导致学生成绩两极分化。

在数学教学中可以利用微课开展教学活动,激发学生的学习兴趣。微课具有简明扼要的特点,能够在较短的时间里展示教学内容,引导学生自主学习,节约时间、提高效率,以达到启惑、解惑的目的,为学生提供二次学习的机会。微课资源通过视频、音频、图像、文本等多种媒体信息对教学内容进行展示,对学生有很强的吸引力,能够使学生高效理解课程内容,对于加深学生学习的深度、拓展学生思维有着十分积极的意义,在后进生的转化方面也起到重要的作用。

在教学中插入微课资源,可以极大地增强教学的直观性与生动性。因此,合理地利用微课资源对数学知识进行呈现、表达、再加工,不仅能够促进学生全面地理解与把握知识,还能在一定程度上提高课堂的教学效果,使课堂教学氛围具有成效性,同时也能帮助青年教师在知识方面进行补充与强化。

微课教学可以帮助学生课前预习,因为单纯通过课本预习,学生往往只能看懂数学概念,微课资源可以为学生指明教学重点,做到"提前剧透",让学生发现课程的难点,为课堂教学提供问题素材,便于学生课堂讨论,发挥集体智慧,体会探究乐趣。课堂上使用微课资源,可以使课本上的文字"活起来",帮助学生理解知识的生成;可以使课本上的实验"动起来",既快速完成实验,又明确实验现象;可以帮助学生归纳课本知识,指明重点,突破难点。课后微课辅导,可以丰富教学模式,使学生能够根据自身实际情况,选择合适的章节反复学习微课资源,帮助学生理解没有掌握的知识点。比起参考书,微课资源可以将知识活灵活现地展现在学生面前,提高学生学习的专注力和兴趣。

案例 在教授"圆锥曲线"及"三角函数",讲述椭圆、双曲线、抛物线的图像及三角函数图像的变化时,手工作图非常粗糙,且不够准确,用计算机作图就能既精美又准确地展示数学图像,并且还可以随着公式中数据的变化让图像动起来,帮助学生切身体会数学图像的优美,引导学生发现数学规律,建立数形结合的思想。

微课资源不仅可以展示数学图形,在问题讨论、性质总结、题目练习等方面都能发挥出强大的作用,提高学生对数学学习的兴趣,在教学活动中具有积极的促进作用。

总的来说,通过微课教学在数学教学中的应用,向学生展现的数学知识可以更加丰富、完善。其中剖析数学知识的产生、领悟数学思想的发展、对学生自主学习的帮助,是其他教学资源无法比拟的,进而可以调动学生学习的积极性和创造性,使学生更好地体验数学情境。微课教学成为传统教学的翅膀,助力数学教学的开展。

2. 注重个性化学习

新课标改革的重点在于关注学生之间的差异,根据学生的自身知识结构来实施不同的教学方案,使每一个学生获得个性化的学习任务,让每一个学生都能在学习的过程中都能获得最大的收获,提高教育教学的效果。

在传统的教学过程中,学生一遇到不能解决的问题,就需要教师及时地给予指导。由于学生存在个体的差异性,其思维方式不同,对于同一个知识点就会出现不同的理解,因而所呈现出的教学效果也不尽相同。

但是面对学生存在的不同问题,课堂教学很难实现"一对一"的教学辅导,如果教师给予的指导是统一的,就不能有效地解决学生存在的不同问题,容易发生学生成绩两极分化的现象。在同层次的班级中,学生总体成绩或单科成绩往往呈现出正态分布规律,而数学学科的成绩分布往往是各分数段的人数相当,也就意味着,相当大比重的学生普遍存在严重的数学学习问题。

不同的学生存在不同的"疑"和"难",课堂教学无法指导所有学生,而微课教学就是为了"解惑",解惑的主要目标就是满足不同学生的学习需要。微课教学能够针对教学内容的特点,针对学生的学习情况,开展全面有效的教育教学工作。微课教学的庞大资源能很好地满足不同学生的学习需要。

微课是从学生认知的角度设计教学思路,结合学生的实际情况,紧靠教学目标,针对一个个具体的知识点进行讲解。在制作同一节微课时,教师将学生在教学过程中遇到的问题进行分类,尽量使用不同的教学方法和思维角度,从而得到有差异的微课资源,以适合不同学习水平的学生,做到有广泛适应性的教学。

把"微课教学"引入到传统教学中,如果学生在课堂教学中存在没有掌握的知识点，就可以利用课余时间，借助微课对这个知识点开展学习，这就为学生提供了课外学习的平台。教师根据学生的差异，引导学生学习不同侧重点的微课，对学生进行不同的教学引导，对问题进行逐一解答。这种有针对性的指导，实现了对学生的因材施教，学生可以按需选择微课进行学习或查缺补漏，实现了对传统课程教学的补充，既能满足不同层次学生的需求，还能提升不同层次学生的学习能力与水平。通过微课对教学的补充，对学生起到拓展学习、巩固知识，最终达到提升学习成效的目的，而且微课视频还可以控制播放的速度和次数，适应学生的个性发展。

在微课教学中，学生学习能力的差异得到了尊重，学生还可以根据自身的需要自主规划学习的时间，获得自由的学习空间。学习的时间不受限制，上课、下课的时间不再固定，没有特定系统性的课程顺序，真正地将学习的主动权交给了学生。学生只学自己不懂的，只学自己不精的，只学自己想学的。学习的地点不再局限于课堂，只要能够连接网络，处处都可以学习。由此可见，微课教学在一定程度上革新了传统的教学方式，满足不同学生的学习需求，真正实现因材施教，达到了"不同的人学不同的数学，不同的人在数学上得到不同的发展"，使每个学生都能找到适合自己的学习资源和方式。

3. 提高学生学习主体性

学生在课前根据教师发布的微课资源进行预习，完成自主探究，课堂教学时间就会更加充足。教师在课堂中并不是直接讲解新知识，而是对学生做一个简单的课堂检验，检验学生的课前预习效果，充分听取学生的反馈意见。教师根据学生对知识掌握的情况，调整教学内容，针对学生集中反映的问题，设计教学活动，组织学生提出在预习中遇到的问题，进行有针对性的讲解，然后以小组为单位先独立思考、再展开讨论，相互交换自己对问题的看法，并在教师的引导下归纳总结。

微课教学改变了传统的课堂教学模式，课堂教学变成了开放式，成为师生之间答疑解惑、互动交流的场所。课堂教学以学生为中心开展，学生有充足的时间提出自己的问题，同时教师也可以了解每位学生在学习过程中遇到的困难，教师合理的引导和针对性的讲解，可以改变传统数学教学的枯燥乏味，增加数学学习的趣味性，不仅能够吸引学生的注意力，激起他们的求知欲望，还能促进学生的自主思考、自主探究，帮助他们更好地吸收与掌握知识。

微课教学改变了教师的角色，教师从知识的传授者向学生学习的帮助者与指导者、课堂的组织者转变，组织学生发现问题、解决问题，提高学生之间的有效互动，把学习的主动权完全交给学生。学生在轻松的学习环境下进行自主探索，充分调动思维活动，培养独立思考的能力。同时这种互助的探究，避免了学生遇到问题不会思考或得不到及时的指导和帮助这类事情的发生。课堂讨论对学生自信心的建立、自主发展、创造性思维能力的培养都起到了积极的作用，这也是提高学生学习兴趣的根源。微课教学改变了传统的教学方式，激发了学生求知欲，培养了学生团结互助的能力和解决问题的能力,给予了每一个学生良好的学习氛围。

4. 提高学习兴趣度

学习的兴趣是学生主动学习、探究未知事物的强大动力。教学实践经验表明:对数学课堂进行改革,首先需要提升学生对数学知识的学习兴趣,教师应设计创造教学情境,运用学生感兴趣的事例,激发学生的学习兴趣。

传统教学模式很难满足现代数学教学的需要,而微课教学模式恰恰符合当代学生的学习思维方式。当代的学生在网络技术环境下成长起来,学生的思想更为跳脱,注意力难以长时间集中,更适合订单式、碎片化的教学。微课可以生动活泼地展示数学学科知识,将复杂、繁琐的数学符号、数学语言、解题思路和技巧转化为动态的视觉感受,这样就可以为学生创设学习与交流的全新情境,让学生在融洽的环境氛围中思考学习。另外,微课视频围绕一个知识点进行设计的思路,分散了知识的难点,方便学生查阅和学习,可以降低学生学习数学的难度,激发学生学习数学的兴趣。数学概念的教学有别于其他学科,数学学科具有严谨的理论以及抽象的思维,课堂上显得枯燥乏味,而微课就可以较好地突破这一问题。

案例 在教授八年级下册"二次根式定义"的内容时,很多学生都容易混淆其概念、符号,所以在制作的微课视频里,把根号"$\sqrt{}$"比作一个小工厂,求谁的算术平方根就把谁放进去,像"$\sqrt{2}$,$\sqrt{9}$,$\sqrt{s}(s \geq 0)$"这样,根号"$\sqrt{}$"小工厂里有个非负数的式子,我们就叫它二次根式。形象直观,语言幽默风趣,学生观看这个视频后产生了浓厚的学习兴趣,这个让学生头疼的概念通过几分钟轻松的微课视频教授给学生,提高了学生对数学概念的理解和掌握。

微课教学也为学生提供了良好的数学氛围,使学生从不愿意学习、注意力不集中的情绪中释放出来,对教师所讲的教学内容产生兴趣,促使学生愿意学习数学,进而提高学习主动性。然而,单单依靠网络渠道的数学理论学习是远远不够的,教师在实施数学微课教学时,必须要注意微课教学与课堂教学的有效结合,鼓励学生利用微课资源学习,也要加强学生之间的交流研讨,这样才能促使学生更好地学习和掌握相关数学知识。

综上所述,在提倡素质教育的今天,各种教学手段层出不穷。信息技术的发展对教师提出了更高的要求。结合微课教学的数学课堂教学,学生在预习中发现问题,在课堂教学中通过集体的努力解决问题,课后又有完善的资料进行复习巩固,能够使学生从自主学习及小组合作探究学习感受到乐趣,同时还能够凸显学生的主体地位、满足学生的个性发展,有助于增强学生学习数学的自信心,进而对学习数学产生更加浓厚的兴趣,有效提高数学教学的质量。由此可见,结合微课资源的教学模式与传统单一的课堂教学模式相比,教学效果会更好。为此,教师应该不断学习信息技术相关知识,合理利用信息技术和网络资源,让信息技术更好地辅助学科知识的教学,优化教学模式,优化教学过程,让课堂教学在轻松愉悦的氛围中进行。

第 4 讲　微课在化学学科中的应用

4.1　微课展示形式与化学实验设计的契合

化学是一门以实验为基础的自然学科。科学规律是通过对自然现象的发现、探究和反复实验验证形成的，所以掌握正确的实验方法及完成化学实验所必备的技能是学好化学知识的关键。

化学实验是化学学科的基础，也是高中化学课程及化学教学的重要组成部分。不论是教材必修内容还是选修部分，都将化学实验作为学生获取化学知识、培养学生思维能力、提升学生学科素养的重要途径。

在传统的课堂实验演示过程中会出现许多不确定的因素，比如出现异常实验现象或者实验现象不明显的情况，而且有些实验装置不便在课堂上搭建，有些化学物质对环境有污染、对人体有伤害，不利于环保，存在很大的安全隐患。同时，教师演示实验时都是在讲台上进行，这样坐在教室后排的学生就无法看清实验操作和实验现象，从而失去对学习的兴趣，降低学习效率。课堂教学也不会重复教授同一节课，学生也就只有一次观看演示实验的机会。

为了改善教学方式方法，有的教师通过使用 Flash 动画制作的实验视频或者是化学实验类 App 给学生展示化学实验，但是这些动画实验不仅会阻碍学生对科学的探索精神，也不利于提升学生的实验操作能力，甚至有些动画实验对实验现象表达不准确或者错误，这些都严重阻碍了学生化学学科素养的提升，导致学生在实验类题目中的作答似是而非，漏洞百出。

所以化学实验必须以真实的实验进行教学。教师可以将教材中的演示实验录制成视频，通过视频编辑软件对实验中的各处细节配以文字注释、语音讲解，这就形成了一节很好的微课视频。化学实验微课视频的内容需要包含：实验仪器的使用方法、仪器搭建、装置用途、实验目的、操作步骤、实验现象、结论分析、注意事项、归纳总结等。这些都需要规范的讲解和详细的注释，来帮助学生组织出严谨、准确、完整的化学语言。

在教学的过程中播放微课视频，可以减少课堂演示实验占用的时间，降低实验风险，杜绝课堂演示实验过程中的不确定因素，学生可以反复学习微课视频，强化对规范实验的操作以及实验现象的观察。教师也可以将教材中的探究实验以及部分趣味小实验录制成实验视频,用于提高学生的化学学习兴趣和实验操作水平。

将演示实验做成微课视频,通过网络发布给学生,学生就可以提前学习,反复学习,强化学生对化学实验的认识,利用视频的暂停和放大功能,帮助学生更加仔细地观察,教师也完全做到了"随时随地、一对一、无限重复"的教学辅导。学生通过几分钟的观看学习,很快就会对化学实验有了基本的了解和掌握。新媒体成为教师教学的得力助手,帮助教师更有效率地教学,促进学生更有兴趣地学习。

虽然化学教师都知道实验教学有不可替代的重要性,多数实验也进入了课堂,但是由于实验条件因素的限制,有些实验现象不明显或实验不安全,有些化学实验在课堂中无法很好地操作或实验操作不能达到预期的效果,现在教师就可以利用微课资源边播放边讲解,再现实验过程,简化课堂教学中的重难点。

案例一 对于"红磷测定空气中氧气含量实验的误差分析"的教授,是一个教学难点,学生不仅要学会分析不规范的操作会给测定结果带来怎样影响,而且要学会将误差的分析迁移到其他的改进实验中,这对学生化学能力的要求是很高的。在新课教学中,这个内容的教授是没有时间展开的,只能放在习题课中讲解。而这样就造成学生对这个知识点总是掌握不透,以至于每次遇到这种类型的题目教师都要重复讲,导致教学效率大大降低。因此教师就可以将这个知识点制成微课,从原理、装置到操作步骤,逐一分析造成误差的可能性和原因,并增加其他测氧气含量的改进装置及对改进装置的评价,附加几道典型例题,供学生反复学习,改善教学效果。

案例二 对于"氢氧化钠变质的探究"的教授,是人教版九年级化学下册课本中的一道练习题,在讲解的时候大多数学生是没有思路的,而这一知识点在中考实验探究题中占有举足轻重的地位,学生只有把这个问题分析透彻,才能在解题中做到举一反三。因此,教师可以将其制作成微课,内容是对氢氧化钠变质的结果提出的三种猜想:没有变质、部分变质和完全变质,设计实验方案,完成实验操作,记录实验现象,通过不同的实验现象验证实验猜想。录制实验操作的视频配以文字表述,得出实验结论,并列表总结归纳。学生在微课中更加直观地学习了确定物质成分的探究方法,而且可以反复学习,巩固学习效果。学生在视频中看到自己的老师做实验,很多情况下比看到教师在课堂上做演示实验更兴奋,学习更主动。

案例三 对于"化学键-离子键"的教授,教材中以宏观"钠在氯气中燃烧生成氯化钠"实验为引入点。由于这个实验存在一定的危险性,为方便学生观察实验现象,教师在课堂上使用了自己制作的实验微课,适时抛出问题:微观世界里氯化钠又是如何形成的呢?钠原子和氯原子在反应中扮演了什么角色?钠原子和氯原子通过最外层电子的得失,达到稳定结构的钠离子和氯离子,在一定距离内氯离子和钠离子之间的引力和斥力达到平衡,就形成了稳定的静电作用力,使得钠离子和氯离子紧紧地结合在一起,生成稳定的化合物——氯化钠。通过微课视频实现宏观演示实验与微观模拟演示的结合,既可以让学生对抽象的理论知识具体化,又可以增加课堂的趣味性,有利于学生对知识的获取和整合。

案例四 对于"金属的化学性质"的教授,其中金属钠与氧气在常温下反应得很快,银白色光泽的金属钠很快就与空气中的氧气反应生成白色的氧化钠,导致学生看不到金属钠的颜色,如果利用微课视频提前精准拍摄,就可以让学生准确地观察金属钠与氧气在常温的反应现象。金属钠与氧气在加热时的反应,教材上是在坩埚中进行的,金属钠先熔化成小球再开始燃烧,这样做能保证实验的安全,但是学生无法观看实验现象,部分教师改用在石棉网上加热金属钠,但是也只有前排的学生能较清楚地看到实验现象。如果从上向下地进行拍摄录制,并利用慢镜头播放,就可以让学生观察实验过程中的细节。通过录制微课视频优化教学过程,学生在观看微课视频时可以更清晰地看到正确的实验操作、完整的实验现象,方便学生规范操作。

4.2 微课设计理念与化学知识分布的契合

化学学科在高中阶段的教学地位比较尴尬,教学的重视度不如物理,课时较少、教学时间紧张;学生的得分率不如生物,学生积极性不高。化学学科知识点"零、杂、碎、多",学生不易掌握且注意事项较多,教师如果不能对学科知识进行有效整合,实现有效教学,化学学科想要取得优异成绩相当困难。在化学学科高考考试说明中一共涉及 300 多个知识点。虽然化学学科知识点总量大,但是每一个知识点都比较简单,知识点之间又多有联系,这一点与微课的设计理念非常吻合,因此在微课教育的发展历程中,最先尝试微课教学的就是化学学科。

利用微课教学分散知识点、降低教学难度、进行针对性学习,可以使学生将所学的知识进一步巩固和深化,对已学过的内容进行综合、归类和转化,同时也可以帮助教师实现高效的化学教学。优秀的学生可以利用微课资源进行深度学习和超前学习,基础相对薄弱或者接受相对较慢的学生,可以利用微课资源将知识慢慢消化吸收。

1. 横向分解

横向分解就是将一节课的内容分解成若干个小知识点,分散学习的难度,便于学生分别学习。

例如,"钠"这节教学内容可以分解为:

(1)"钠与水、硫酸铜溶液的反应",根据初中化学的学习,让学生预测金属钠与硫酸铜溶液的反应现象,再演示金属钠与硫酸铜溶液反应的实验视频,实验现象与初中所学金属活泼性结论不符,引发学生的好奇。接着演示金属钠与水反应的实验视频,指明反应现象,归纳实验结论,帮助学生理解金属钠不能将铜元素从盐溶液中置换出来的原因。

(2)"钠与非金属单质的反应",通过展示金属钠在常温和加热两种不同环境下的反应视频,对比不同现象,得出金属钠与氧气在不同温度下发生不同的反应,生成不同的产物,引发学生思考反应条件对化学反应的影响。

(3)"金属钠在空气中的变化",利用微课视频快放的功能,展示金属钠暴露在空气中的系列变化,总结金属钠及其化合物的相关性质。

通过把"钠"这节教学内容分解为三节微课教学环节,将金属钠及其化合物的性质分别呈现出来,将较复杂的问题分解为若干较小的知识点,可以降低学生在学习时的难度,提高学生学习化学的兴趣。

2. 纵向联系

同一知识点在不同时期以不同形式呈现,时间跨度大,学生遗忘率较高,可以利用微课的形式,帮助学生回顾、联系、梳理、对比相关知识点。

例如,"氧化还原反应"这一知识点贯穿整个高中阶段的化学教学,不同章节在涉及这一知识点时,虽然侧重点不同,但是知识点之间联系紧密,利用微课资源就可以帮助学生快速回顾这些知识的主干,梳理其中的规律。

在必修一"氧化剂和还原剂"中,主要教学目标是理解、掌握氧化还原反应的概念、判断和实质,判断氧化还原反应中的氧化剂和还原剂,并掌握氧化剂和还原剂在反应过程中的反应实质,学会比较不同物质之间氧化性和还原性的强弱。

在必修二"元素周期律"中,利用元素周期表让学生了解原子或离子的结构示意图,通过原子核内的质子数量、原子半径、最外层电子数目的关系,对比不同元素原子、离子的氧化性和还原性强弱、原因和规律。

在选修四"原电池"和"电解池"中,教学内容为氧化还原反应的应用、如何利用氧化还原反应实现化学能与电能的相互转化,需要学生将氧化还原反应拆分为氧化反应部分和还原反应部分,使学生能够推断装置中电子、离子移动方向、电极反应类型,书写电极反应方程式和总反应方程式。

在选修五中,有机反应类型的氧化反应和还原反应又回归到初中所学得失氧原子的判断角度,同时也可以引导学生从化合价变化的角度分析。

而在选修三中介绍的亲和能和电离能、共价键类型和极性、分子空间构型等内容,从原子核外电子排布规律中阐明了元素呈现不同化合价的规律以及不同原子或分子氧化性、还原性不同的本质。

微课教学方式的引入,改变了以往的教学方式,学生的学习方式和学习习惯也随之改变。微课把知识点"化整为零"的设计思想与化学学科知识"零、杂、碎、多"的特点恰好吻合;微课"短小精悍"的设计思路与学生可以支配的零碎时间非常契合；化学实验的重现更符合微课的使用特色；以微课的形式进行化学学科课后辅导，既承认和尊重了学生的差异性，又消除了学生的差异性带来的负面影响。作为信息时代的产物，微课的出现改变了以往我们对于教学形式的认知，微课这种新兴事物更容易被现在的学生接受和认可，以微课教学的形式在高中阶段进行化学学科教学辅导必然有更广阔的前景。

4.3　微课教学应用于化学实验教学

受到传统教学理念的影响，有的教师在高中理科实验教学中采取灌输式的教学方法，通过口述和板书的呈现形式对知识进行讲解，不停地向学生灌输相关的理论知识，教师在讲台上奋力讲解，学生在讲台下努力记笔记，导致学生一直处于被动的学习状态，无法充分发挥其主体地位，课后再通过题海战术完成教学任务，没有给学生留下思考、内化的时间，最终导致的结果将是学生逐渐丧失对学科知识的学习兴趣，从而使学生无法取得良好的学习效果。因此，教师在理科实验教学中应用微课导学策略时，应注重为学生创建良好的教学情境，其目的是激发学生的实验兴趣，使学生积极主动地参与到课堂教学中，让学生针对相关问题进行自主探究，使学生的学科综合能力得到提升。

高中化学课程和其他学科有着很大的差异性，化学是一门以实验为基础的学科，实验教学在化学学科中的比重较大，不做实验或少做实验，都会影响化学教学。化学实验教学是化学学科体系的重要组成部分，能够培养学生的动手实践能力，也能够让学生养成理性分析问题、尊重客观事实的科学精神，还有利于培养学生学习化学的兴趣和勇于探索的科学精神。许多重要的理论知识都是通过化学实验获得的。

教师将所要教授的化学实验录制成微课视频，抓取核心内容，配上旁白讲解，应用于化学实验教学，发布给学生，通过微课资源辅助学生化学实验的学习，就可以大大提升化学实验教学效果。

微课教学很好地协调了化学教学中的以下方面：

1. 微课在化学实验教学中展示化学史的发展

化学史的教学应该成为化学教学的重要组成部分，化学史的教学对学生掌握化学的发展规律、启迪科学思维、训练科学方法、培养创造精神以及思想品德教育等方面都具有一定的教育功能。

利用微课教学向学生展示原子结构模型的演变历程，介绍道尔顿的原子学说观点，再到英国科学家汤姆的"葡萄干布丁"原子结构模型，最后阐述英国物理学家卢瑟福的"带核的原子结构模型"的论证过程。学生通过微课学习,更好地理解原子的结构,体验科学家探究原子结构的过程和方法,即依据实验事实提出模型→实验中出现新问题→为了解释新问题提出新的模型。

案例 在教授"空气"这一节内容时,重点是让学生学习测定空气中氧气含量的原理和方法。可以由空气成分的发现过程引入,介绍舍勒、普利斯特里及拉瓦锡等科学家对空气成分的研究过程,让学生感受科学研究的不易,学习科学研究的方法和思路。如果教师想用口述的方法把这些问题讲透,就会耗费大量课堂时间,冲淡教学重点,学生听起来枯燥乏味,印象也不深刻。这部分内容就可以设计成微课,按照空气成分发现的时间轴,配以文字、图片和视频资料向学生描述研究的过程和方法,供学生课前学习。学生学起来更加直观,兴趣更浓厚,学习效果更好。课堂以微课学习为出发点,从拉瓦锡的实验原理迁移到红磷测定空气中氧气含量的实验,教学重点突出。

利用微课使学生了解中国在化学发展史上的杰出贡献,介绍张青莲与相对原子质量的测定、侯德榜的制碱工艺、屠呦呦与青蒿素等,培养学生的爱国情操,激发他们学习化学的动力。

2. 微课在化学实验教学中能提供安全有效的实验环境

就目前的教学现状来看,教师和学生对实验教学逐渐重视,教师已经在课堂当中对大部分的实验进行演示实验或者组织学生分组实验。但是由于化学实验自身原因,比如有些药品具有毒性或腐蚀性,或实验过程存在不安全的因素,因而做实验时有一定的危险性,教师必须承担一定的教学风险,不免存在畏难情绪。多数教师将这部分的实验教学改为通过视频录像或者黑板实验的形式对学生进行教学,甚至有些实验过程是通过口述的方式阐释,这会对实验教学造成一定影响,弱化了实验教学效果。对这些化学实验效果,学生不能体会到真实的实验情境,对于物质性质和实验过程理解不透彻,学生凭借死记硬背的方式完成化学实验的学习。这样的教学方式不仅效率很低,而且也无法实现学生思维能力的拓展,更不利于教学质量的提升。

通过播放微课视频展示化学实验,代替这些存在安全隐患的实验,学生就可以安全地、近距离地、反复地观看实验视频,也可以更清晰地认识到正确的实验操作,这样不仅优化了化学实验教学,达到演示实验的效果,而且也使实验带来的污染和危险降到了最低。微课在有效提高课堂教学效率的同时,也有效拓宽了实验教学渠道。

案例一 在教授"硫"这节内容时,为了演示硫燃烧的实验,设计硫在空气中燃烧,火焰为淡蓝色,硫在氧气中燃烧,火焰为蓝紫色,火焰颜色不便于观察,而且燃烧产物的二氧化硫气体是具有刺激性气味的有毒气体,对于师生的健康有伤害,环境污染比较大,不适合在班级内演示实验。

案例二 在测定空气中氧气含量时,会设计白磷燃烧实验,白磷易自燃,具有一定的危险性,而且白磷燃烧生成的五氧化二磷易升华,具有强腐蚀性,不能与皮肤直接接触,也不可直接闻气味,若在班级做演示实验会发出难闻的气味,不仅影响学生的身心健康,还导致学生不能细致地观察实验,影响实验效果。

案例三 在教授"富集在海水中的元素——氯"这节内容时,氯元素的学习在中学化学的学习中有重要的意义,由于氯气是一种有刺激性气味的有毒气体,在演示氯气相关反应实验过程中,会造成氯气的扩散,污染环境,对教师和学生的健康造成伤害,所以学习氯气的化学性质时,不适宜做学生分组实验,教师演示实验也要格外小心。而且氢气在氯气中燃烧的火焰颜色是苍白色,火焰颜色也不易观察,如果混合在一起在光照条件下又会发生爆炸,存在安全隐患。如果用微课视频代替相关的实验,这样不仅学生同样能观察到明显的实验现象,还可以降低危险,也可以减少对环境的污染,让学生对氯气的化学性质理解得更加深刻。

案例四 有的实验反应速度较快,学生不易观察。在教授"金属的化学性质"这节内容时,其中金属钠与氧气在常温下反应的现象变化快,而且现象不明显,很多学生观察不到金属钠切面的银白色光泽,实验就结束了;金属钠与氧气在加热时先熔化成小球,这个现象也不容易观察到,这些问题通过实验型微课就可以解决。

案例五 在教授"酸碱的化学性质"探究实验时,实验前让学生通过观看微课先复习酸、碱的化学性质,再回顾块状药品和粉末状药品的取用操作方法以及正确使用胶头滴管的方法及注意事项,最后重点强调所使用的酸和碱都是具有腐蚀性的,实验时应注意安全以及发生危险时的正确处理方法。学生观看微课后再进行实验时,就能够理解实验过程中的要点,避免因为酸和碱的使用不当发生危险。

案例六 在教授"浓硫酸的化学性质"这节内容时,由于浓硫酸腐蚀性很强,需要学生熟练操作实验仪器和用品,独立完成实验存在较大的风险,学生很难应对突发的意外事件。利用微课资源能够很好地弥补教学的不足,教师课前录制实验视频,将优质的实验视频穿插到微课教学中,让学生感受到浓硫酸遇到蔗糖发生的变黑以及黑色稠状物质迅速膨胀的宏观现象,引发学生思考,这样就可以很好地解决实验可能带来的学生安全问题。

3. 微课在化学实验教学中能节约时间

高中化学以实验教学为主,对于化学课本中的探究实验、操作简便的实验、现象明显的实验,都可以组织学生分组实验,通过学生亲自动手实验的方式进行学习。但若是将学生带进实验室,让学生主动去探究学习,大多时候不能保证教学的顺利完成。

首先是学生课前预习不充分,对实验目标不明确,实验原理不清楚,对于有些仪器的使用和药品的性质不熟悉。其次是学生在实验室纪律性较差,尤其是高一年级的学生,进入实验室后会表现出强烈的好奇心,从进实验室的兴奋,到实验课堂上的忙乱,教师把很多时间浪费在课堂纪律的维持上,这直接导致实验操作时间减少,分组实验教学效果不理想。

一般在学生分组实验之前,教师都会详细讲解实验步骤,强调实验注意事项,重复安全问题。在分组实验时,有的学生习惯性地按照教师设定的实验方案进行各种实验操作,在实验过程中"照方抓药",被动地去完成实验操作步骤。学生在实验过程中仅仅起到搬运工的作用,不知道每一步实验操作的目的是什么,无法达到预期的实验教学效果。有的学生没有牢记实验步骤,仅凭借印象完成实验操作,期间会发生这样或那样的意外。还有些学生由于好奇心的驱使,随意把玩实验器材,总会给我们带来一定的"惊喜"。

另外,实验课不同于理论教学课,课后复习没有条件,学生只能凭借模糊的记忆和文字描述,理解实验仪器的操作和实验现象的描述,很难完成相应的学习任务。

因此将微课教学引入到实验教学中,可以为我们提供另一种教学思路。课前通过微课让学生了解实验室的规章制度,以及实验室仪器的正确操作方法,这样在进入实验室后,就会减少学生因为好奇和新鲜感而扰乱课堂秩序的现象。对于时间较长、操作复杂的实验,如铁生锈条件的探究实验,不可能在课堂上完成,教师可以事先录好微课视频,让学生在实验前观看相关微课视频,还可以根据自己的教学需要,在整个实验教学过程中穿插注意事项。学生课前对实验过程有所了解,可以提高分组实验中时间的利用效率,课堂上有更多的时间进行实验操作,教师也能够拥有更多的时间与学生互动交流,为学生解答疑惑,集中时间处理主要问题,实现课堂教学效率的稳步提高。同时也可以利用微课来辅助课后复习巩固。

案例一 在教授"探究铁制品锈蚀条件"探究实验时,由于该实验需耗费大量的时间,很难在一节课中呈现实验结果,所以在传统的实验课堂教学过程中,大部分教师会让学生结合实验内容自主设计探究方案,再将实验结果直接展示在学生面前。其次,就是采用微课教学,提前一周将学生分成几个小组,让学生利用课前时间进行自主设计,按照实验设计分别观察在不同环境中铁表面的锈蚀情况,要求每组学生用手机等设备录制每天的实验现象,再指导学生在课堂教学过程中认真观察实验结果,并用相关软件制作成微课视频;在后面的课堂讨论中,每个小组分别派代表播放本组的视频,并描述本组的实验现象以及实验结果。由于本实验比较简单,实验现象也比较明显,利用微课教学,配合快进,能够快速地将铁制品的锈蚀过程展示出来,让学生准确地掌握锈蚀的条件。因此在播放视频过程当中不仅可以得出实验结论,还可以对实验的严谨性进行分析,制作成优质的微课资源。

案例二 在教授"酸碱中和滴定"探究实验时,关于指示剂的选择,强酸和强碱互滴可以选择酚酞也可以选择甲基橙,而弱酸与强碱互滴选择酚酞,强酸与弱碱互滴选择甲基橙。学生不能很好理解为什么同是酸碱指示剂,酚酞和甲基橙不能通用,都在课堂上演示则时间又不允许。若能在课前将该部分实验录制成微课,上课只演示强酸滴定强碱的实验,其余的通过播放微课来完成。在播放微课时,接近滴定终点还可以采用慢进方式,便能有效解答学生的疑问,学生通过对比实验现象,分析实验数据,才能熟知实验操作和试剂的选择。

通过化学实验可以激发学生对化学学科的学习兴趣,在实验的帮助下能更深刻地了解化学概念和相应的反应原理,在实验操作的过程中能掌握相关操作技能,在小组合作中体验团队的重要性,在实验过程中体会科学的实验态度和严谨的科学思维,提高学生的化学学科素养。

4. 微课在化学实验教学中提升学习的趣味性

传统的化学实验探究教学具有很大局限性,即便选择在教室进行演示实验,效果也不尽如人意。教师在讲台上进行实验的时候,只有距离讲台较近的学生才能看清实验操作和实验现象,而距离讲台较远的学生由于看不到演示实验,很容易失去学习化学的兴趣,有些学生还趁着教师在实验过程中,做与学习无关的事,教师也无法全面顾及,学生的好奇心难以被激发,学习动力不足。为了避免这些情况的发生,教师应该这样做:

课前引导,学生提前利用微课进行预习,可以引发学生探究知识的欲望,锻炼学生的观察能力,提高学生的实验技能水平,为下一步的课程安排和教学做好铺垫工作。然后再进行实验教学时,学生已经熟悉实验过程,在动手能力方面能起到事半功倍的效果。

课堂播放,不仅能激发学生的学习兴趣,而且能让学生有亲切感,之后将实物或直观教具展示给学生,或借此进行规范实验操作,让学生有机会反复揣摩,对强化学生的应用能力,更深入地理解化学原理,增强学生的应用能力都起到了促进作用。

课后巩固,实验教学对学生来说,不再是"一遍过",学生课后可以根据需要反复学习微课视频,以增强对化学实验的理解和巩固。

兴趣是最好的教师,学生一旦产生了兴趣,对教师来说也就省去了组织教学的过程。而微课资源就能够提供有趣的视频材料,创设新奇的情境,突破时空的限制,增加信息的容量,激发学生探究化学实验的兴趣,调动他们学习的积极性。

案例一 在教授"二氧化碳的性质"探究实验时,在微课中以"奇妙的二氧化碳"为主线,通过调制"红酒"的实验(向盛有紫色石蕊溶液的烧杯中通入二氧化碳气体)来激发学生对探究二氧化碳的兴趣,接着通过实验介绍二氧化碳神奇的物理性质和化学性质,最后通过人工降雨和灭火等视频介绍二氧化碳的重要用途。

案例二 在教授"验证物质酸碱性"这个实验时,为了演示如何用pH试纸检验溶液酸碱性的实验,教师制作"会说话的酸碱指示剂"的微课,模拟不同酸碱性溶液的声音,营造有趣活泼的教学氛围。同时,避免了错误操作造成的危险后果,比如用pH试纸检测浓硫酸的酸碱性,浓硫酸具有很强的腐蚀性,稍不注意就会伤害皮肤,但是学生又必须掌握相关知识,用微课进行展示,既提升了课堂容量,又降低了实验风险。

案例三 在教授"探究氧气的化学性质"探究实验时,准备一瓶收集满氧气的集气瓶,然后将一根带火星的木条放在瓶口,木条复燃,对比带火星的木条在空气和氧气中的燃烧情况,并录制成微课,让学生明白氧气具有助燃性,并且燃烧的剧烈程度与氧气浓度有关。这样不仅增加了化学实验的探究趣味性,也提升了学生学习化学的兴趣。

案例四 在教授"'过氧化钠与水反应现象'再探究"探究实验时,此节课的内容是基于必修一学习的基础上,学生已经掌握过氧化钠与水反应能够生成氢氧化钠和氧气的知识,并知道该反应是个放热反应。在探究酚酞变红后又褪色的因素时,教师事后在实验室中录好了两个微课视频,分别是温度和氧气对溶液褪色的影响。这样在接下来的教学环节中,学生就把主要精力放在氢氧化钠对酚酞褪色的研究上,这样一来不仅节约了时间,而且重点内容的教学也得到了保障,可谓是一举两得。在明确了氢氧化钠浓度对酚酞褪色的确有影响,而且过程是可逆的之后,为了验证有其他的物质在起作用,运用第三个微课视频——过氧化钠与水反应滴加酚酞褪色后的溶液中,加入二氧化锰,并用氧气传感器测其中氧气浓度的变化,让学生感受科技在高中实验中的应用,准确读出氧气的浓度大小。在探究完过氧化氢的漂白性之后,对于溶液中氢氧化钠与过氧化氢同时存在,二者之间有无相互作用的教学时间剩余不多,仅让学生设计好实验方案并展示实验方案的可行性之后,并不让学生进行操作,而是通过第四个微课视频——氢氧化钠对过氧化氢漂白性的影响,让学生直观感受到二者之间的相互作用。这样,既保证了在有限的课堂教学时间内完成教学目标,也培养了学生对化学实验的设计和基本实验操作能力的学习。

通过微课教学,不但将化学的美丽展现出来,而且使微观世界走上"可视化"的道路,将化学反应的过程用艺术的方式展现在学生面前,从而使化学实验探究教学变得更是趣味性,给学生带了豁然开朗的感觉,激发了学生的实验探究意识和学习的热情。学生不但理解了化学学科的知识,更是通过微课进一步邂逅了化学科学的美丽,探索的兴趣不断激发,最终喜欢上化学,热爱上科学。

5. 微课在化学实验教学中展示微观世界

宏观辨识和微观探析是中学化学核心素养的重要组成部分,对于刚刚接触化学学科的学生来说,受到认知能力、想象能力的限制,对于微观的分子、原子、离子空间关系、运动状态难以想象,导致学生不能真正理解物质的性质与结构。这些问题也是教师教学和学生学习的头号难题,很多化学知识都拥有微观特征,神秘的微观世界看不见、摸不着,难以描述、难以想象,让教师表述起来十分困难,也令学生学习起来十分吃力。尽管课本中有图片和文字解释,然而学生还是不容易理解,给学生学习化学带来很大的困扰,如何引导学生建构微粒概念是教学的重点。

微观世界的神秘感,又使多数学生渴望对其加深了解,微课资源的出现正好解决了这个问题。化学教师可抓住学生这种矛盾心理,因材施教,在教学时充分利用微课资源,在微课辅助课堂教学的过程中,通过播放动画、图片等形式将物质中的微观粒子结构关系、化学键的形成断裂展示出来,将抽象、难以理解的化学知识、复杂的观念具体和形象地展现出来,辅助学生探索微观世界的奇妙,促进学生对微粒构成物质的掌握,突破教学重难点。

此外,微课应用于微观视角的实验教学中后,不仅能加深学生对物质微观世界的理解,也有利于对教学资源的有效整合,还有利于学生突破重点和难点,最大限度地帮助学生建立直观印象,激起学生探究微观世界的兴趣,逐步让学生在脑海中对所学知识产生深刻印象,使学生高效学习,对化学知识难点也有了更深入有效的了解。

对此,在教学难点突破方面,教师要帮助学习者建构微粒观概念,需要教师充分认识微课的作用,将其巧妙、合理、科学地应用到教学中,确保课堂教学任务顺利完成。在微课中,极微小的原子、分子都是可视的、富有生命力的。微课视频资源的展示效果,让化学教学富有生命力。

案例一 在教授"水的电解"这节内容时,利用微课先展示水在蒸发时水分子的运动状态,再借助微课展示水的电解实验的三维动画:一个水分子先断裂氢氧键,分裂成两个氢原子和一个氧原子,然后在阴极处两个氢原子之间建立氢氢键构成一个氢分子,氢分子聚集在一起形成氢气。在阳极处两个氧原子之间建立氧氧键构成一个氧分子,氧分子聚集在一起形成氧气。这样的微课可以把抽象的电解实验过程形象化,有助于学生对知识的理解,不仅可以帮助学生建立微粒的观念,还能帮助学生从微观视角认识化学变化的本质是化学反应先断键后成键的反应过程,通过微课将这些微小的分子、原子的变化过程变得直观形象,大大降低了学习的难度。

案例二 在教授"盐类的水解"这节内容时,可以在突破重点"CH_3COONa 水溶液呈碱性的原因"时制作微课视频。在视频中先提出问题:

① CH_3COONa 水溶液中存在哪些离子?

② 哪些离子间可能相互结合?

③ 对水的电离平衡有何影响?

教师通过 Flash 动画模拟醋酸钠和水反应的过程,再通过"离、碰、合、平、果"等角度在微课视频中逐一分析,将微观粒子的电离过程、碰撞过程、重新结合过程等学生看不到的反应过程展示出来,进而突破教材的难点,让学生掌握盐类水解的实质,同时不同层次的学生也可以根据自己的需要调节观看视频的快慢、次数,最终让每位学生都可以掌握。

案例三 在教授"化学键"这节内容时,教学难点就是要让学生从微观的角度了解和掌握化学键的实质及其形成的过程。虽然教材中也配有相应的图片,但仍旧无法降低学生学习的难度。教师利用微课就能够通过动画展示活泼金属元素和活泼非金属元素容易形成阴阳离子,阴阳离子间通过静电作用形成离子键;在金刚石、晶体硅、二氧化硅、碳化硅、氮化硼中原子得失电子难度较大,相邻原子之间通过共用电子对形成共价键;金属单质中金属阳离子和共用的价层电子通过离域 π 键形成的金属键;分子晶体中各原子核外电子趋于稳定,分子间只存在弱作用力范德华力等现象。通过微课视频用动画的方式将这些晦涩难懂的概念表达出来,可以加深学生的印象,强化学生的理解。

案例四　在教授"晶体类型"这节内容,比较离子晶体、原子晶体、分子晶体三类晶体的沸点时,首先要知道晶体变成气态时克服了哪些作用力、分子晶体克服分子间作用力成为独立的分子、离子晶体克服晶格能的束缚成为阳离子和阴离子、原子晶体断裂共价键成为独立的原子、不同类型的晶体在沸腾时克服不同的作用力。学生通过对"化学键"的学习,明确地知道分子间的作用力、晶格能的作用力、共价键的作用力相对稳定,既而得出原子晶体类型的物质沸点普遍高于比离子晶体类型的物质、离子晶体类型的物质沸点普遍高于比分子晶体类型的物质。

通过视频软件的制作将化学物质微观世界的结构变化、分子运动进行形象表述,给微观世界赋予了生命力,不仅使微观世界变得更加直观与形象,使学生能够观察理解,降低了学生学习微观世界知识的难度,也提升了学生的学习兴趣,使学习变得轻松有趣。因此,微课在高中化学中的应用,能够突破微观世界的限制,为学生提供通往微观世界的渠道,帮助学生更好地理解化学知识的难点与重点,提高化学教学的效率与质量。

6. 微课在化学实验教学中展示化学实验过程

在传统教学中,教师演示实验是在讲台上完成的,而且每上一节课只演示一遍实验,坐在班级后排的学生,就无法准确地观看实验操作和现象,从而失去学习兴趣,降低学习效率。为了更好地发挥实验教学的作用,教师可以将实验过程录制下来,或者从网络上搜集实验视频,利用微课的重复播放以及放大等功能,为学生展示实验的过程,让学生能够仔细观察实验现象。同时,微课的使用还能够减轻教师的教学压力,减少实验材料的浪费。

实验是化学的灵魂,学生的化学知识大多来源于实验。微课将化学知识以一种直观且新颖的动态方式展现在学生的面前,帮助学生进行学习,不仅可以解决实验耗时的问题,还可以激发学生对化学的学习兴趣。

案例一　在教授"钠"这节内容时,有些教师为了让学生都能够看清钠在空气中燃烧的过程以及现象,就会将教材中在坩埚里燃烧的方式改为放置在石棉网上燃烧,即使这样,仍旧有很多学生无法观察清楚钠的燃烧。此时,教师就可以充分利用微课,通过从上到下的拍摄方式,录制钠在空气中加热燃烧的微课视频,放大实验过程的细节,让全体学生都能够清晰、准确地看到钠在空气中燃烧时火焰的颜色及产物的颜色、状态。

案例二 在教授"钠"这节内容,演示钠与水、酸反应的实验时,这两个反应速率较快,无法给学生展示对比实验,学生还未学习影响化学反应速度因素的知识点,而且钠块的切割大小会给实验带来一定的安全隐患,不适合学生分组实验,这时教师就可以在课前分别录制这两个实验,合理运用微课视频,在同一个画面中对比这两个实验,根据金属钠在水面游动的速度和钠块反应消失的时间,让学生对比钠与水、酸反应的关系。

案例三 在教授"水的净化"这节内容时,有区分自来水和天然水的环节,学生会提出疑问:利用什么方法可以得到蒸馏水呢?做蒸馏实验需要的仪器较多,而且实验时间较长,还需要不停地通入冷凝水,课堂演示实验显然不可行。因此,教师可以制作"蒸馏水的制取"的微课视频,学生认真看完后,就会了解蒸馏水的制取过程,之后引导学生进行交流,共同探讨,从而让学生体会到蒸馏实验是一种分离互溶混合物非常有效的方法。

7. 微课在化学实验教学中的破坏性实验

很多化学实验都具有一定的危险性,在班级演示或实验室操作都具有一定的风险。但是正确的实验操作往往不能引起学生足够的重视,如果这些实验的注意事项只通过教师讲述,学生是不能深刻理解的,无法认识到规范实验操作的重要性,同时也会引发学生的好奇,增加意外发生的风险。

为了加深学生的印象,可以制作错误操作的破坏性实验微课,尤其是造成严重不良后果的化学实验,学生在观看微课之后可以加深对正确实验操作的印象,增强学生对规范实验操作的重视度,减少安全事故的发生。但是这些实验不能在课堂内演示,更不能让学生亲自完成,微课就可以肩负这项任务,既安全又能取得较好效果。通过微课进行教学,可以避免给学生的生命健康带来的不利影响。

案例一 在试管中加热固体的正确操作是:加热时试管口要略向下倾斜。微课展示内容可以为:对装有碱式碳酸铜试管进行加热时,把试管口略向上倾斜,那么加热期间生成的水就会回流到热的试管底部,进而导致试管破裂。

案例二 防止加热装置的倒吸现象的正确操作是:加热装置制备气体并用排水法收集气体时,结束操作是先将导管移出水槽,然后熄灭酒精灯。微课视频展示内容可以为:加热氯酸钾制氧气,并用排水法收集氧气,先熄灭酒精灯,后将导管移出水槽。由于对装置停止加热,装置内气压减小,水槽中的水倒流到试管中,导致试管破裂。

案例三 冷凝管中冷凝水通入的正确操作是:蒸馏装置中冷凝水由下口进水,从上口出水。微课展示内容可以为:上口进水,下口出水,冷凝管中的空气很难全部排出,导致冷凝效果不佳。

案例四 稀释浓硫酸的正确操作是:将浓硫酸沿烧杯内壁缓缓注入水中,并用玻璃棒不停搅拌,由于浓硫酸稀释会放出大量的热,且具有极强的腐蚀性,如果稍不注意便会带来极大的危险。微课可以展示错误的操作,用少量的浓硫酸演示,将蒸馏水滴加到浓硫酸中,立即会看到溶液沸腾,并伴有液体溅出,拍摄液滴飞溅的危险镜头,制成微课,可以提高学生的安全意识。

案例五 蒸发结晶的正确操作是:蒸发时溶液不能超过蒸发皿容积的三分之二,用玻璃棒不停搅拌,待有大量晶体析出时停止加热,用蒸发皿的余热将剩余的水蒸干。微课展示的内容为将溶液加到超过蒸发皿容积的三分之二,然后用酒精灯加热时,由于溶液沸腾出现液体溅出,且不用玻璃棒搅拌或加热到无水状态时,都会出现由于受热不均匀导致晶体飞溅的现象。

案例六 氢气还原氧化铜实验的注意事项。由于氢气是易燃易爆的气体,实验操作被严格要求,须先通氢气检查氢气的纯度再加热,实验完成先停止加热,后停止通氢气。微课展示先停止通氢气,后停止加热,红热的金属铜再次被氧化成黑色的氧化铜,致使实验失败的现象。

这些实验存在很大危险性,就算是教师在实验室完成这些实验,也要非常小心,最好带好防护设备,注意个人安全。

8. 微课在化学实验教学对中考化学实验操作的作用

理科实验操作考试是中考的重要组成部分,近年来已经纳入升学录取总分,学校及家长对此都很重视。然而在化学实验训练时,通常是以演示实验的形式来完成,学生受到视角、视力和注意力等主、客观因素的影响,难以观察教师演示实验操作过程中的细节,恰恰细节操作是易错点。学生通过死记硬背来掌握实验步骤及结果,实验操作技能没有得到实际训练。虽然也有一些学校会开展实验课,但是受到实验条件和实验环境的限制,学生从看演示实验到亲自去做实验,间隔时间较长,容易遗忘实验内容和具体实验操作及注意事项,在集中训练中指导教师难以对学生进行逐一指导,效率低下且多有疏漏。

实验操作考试通常从实验操作技能、实验原理和实验习惯三个方面对学生进行评定,重点考查学生的实验操作技能。教师可以通过六个实验操作题为蓝本,精心制作六节独立的实验微课,录制规范的演示实验操作,展示学生常见错误,对细微之处运用镜头的放大功能,对关键步骤、关键现象进行特写,让学生看得见、看得清、看得懂,以此让学生进行模仿操作。教师要做到"场上无学生,心中有学生",在微课教学中还要对实验进行必要的讲解,加强语言的互动,让学生边看边思考,让他们有身临其境的感觉。录制好视频后,通过编辑加上恰当的标注或字幕,突出关键操作步骤,让学生始终被关键信息引导。

案例 "碳酸钠和氯化氢反应"微课设计

在进行"碳酸钠和氯化氢反应"的实验教学时,使用微课创建生活化情境,提高学生实验效率。碳酸钠别名苏打,是生活中常见的化学物质,可以先将生活中运用到碳酸钠的场景呈现出来,如在洗涤时使用碳酸钠能去除顽固污垢,蒸馒头时放碳酸钠能使馒头更加蓬松,通过这些生活中的画面将生活实际和化学实验紧密地联系在一起,成功创建生活化情境,使学生对碳酸钠产生强烈的探究欲望。紧接着趁热打铁,要求学生通过微课中展示的碳酸钠和氯化氢的反应实验现象,记录实验过程。然后要求学生利用提供的化学材料和仪器,分组完成这个实验,学生在氯化氢溶液中加入碳酸钠后,观察到溶液中冒出了气泡,通过化学物质分析、化学方程式书写等方式明确产生的气体是二氧化碳,达到使用微课创建生活化情境的预期效果。

在多次尝试实验型微课教学后发现,虽然学生在进行实验操作训练之前,通过实验型微课进行了学习,学生的实验操作技能和实验现象记录有了明显的提升,但仍有疏漏。学生观看教师操作的微课时,大多数学生都认为自己看懂了记住了,也就会做了。然而在实际的操作中往往会出现眼高手低的现象,看到教师操作时总以为心领神会,而一旦自己操作时往往顾此失彼、错误百出,距离感较强。微课教学不能完全代替实验学习,作为预习材料或者课后巩固材料,效果更好。

9. 共享优质微课教学资源

随着互联网的普及和自媒体的发展,网络上有丰富的微课资源,教师可以通过网络搜集相关微课资源,获取大量优秀微课资源。在过去的化学教学中,学生难以在有限的时间内理解并掌握这些知识点,在使用微课教学时,学生在学习时面对的是高质量的教学团队,学习效果也会得到大幅度的提高。将微课资源运用到课堂教学中,丰富了教学内容,为学生提供了更多思考问题的角度与思路。

微课具有多样性,不同的教师对同一知识点的理解角度不同,就会制作出不同的微课。俗话说"尺有所短,寸有所长","他山之石,可以攻玉",每个人的能力是不同的,有的擅长这项,有的擅长那项。教师在教学前,可以观看多个教师的微课视频,取其之长、补己之短,挑选出最合适的微课视频,必要时可重新编辑,使其更符合学生实际情况,增强学习效果。在教学过程中植入优秀的微课作品,可以丰富课堂教学手段,也可以提高学生课堂学习的吸引力,还可以弥补教师在某个知识或教学技能方面的不足。

案例一 在讲授"物质结构"中"分子中中心原子价电子对数"这个知识点时,很多老师难以将这个知识点讲得透彻,学生对该部分知识更是模模糊糊。此时,借助优秀的微课资源,对学生进行讲解,不仅可以提高课堂效率,还可以促进学生自我学习、自我提问、自我吸收的能力,更提高了教师自身的专业素质。

案例二 在讲授"蒸馏水的制取"这个知识点时,因为蒸馏实验无法在课堂内演示,所以可以利用微课展现蒸馏水制取实验。视频看完后,大部分学生能够说出蒸馏水的制取步骤,互相交流讨论、共同探讨,最后得出的结论是:蒸馏是一种混合物分离方式,是水净化中使用频率最高的方法。微课教学能很好地帮助学生解决实验中搭建器材耗时的问题,且直观形象,还能调动学生学习的积极主动性,提高学生的学习兴趣。

4.4 微课教学应用于化学教学

根据课堂教学的需求,可以将微课大致分为课前预习类、课堂讲解类、课后复习类。

(1) 课前预习类

主要是对整个章节进行知识梳理,对课程中用到的一些实验方法、理论知识进行讲解,或者帮助学生进行知识回顾。课前使用微课增强了学生的预习效果,引导了学生的学习方向,帮助学生发现自身理解的问题。

(2) 课堂讲解类

主要是创设有效的教学情境,激发学生的学习热情,把章节知识进行分解,形成一个个有效的小知识点,突出重点,突破难点,加深学生对新知识的理解,减少"无意识错误"的产生,对每一个知识点采用多种教学方式的精讲精练,让学生能够在几分钟的时间内有效学习,获取知识。

(3) 课后复习类

主要是知识的归纳总结、复习巩固和方法技巧的展示,用知识网络图把零散的知识联系起来,串成知识链,形成知识网,同时还包括习题的练习,选取典型例题讲解,让学生能够举一反三,为接受能力较差的学生提供二次学习的机会。

微课包括很多方面,如教学设计、自主学习任务单、教学视频、配套练习等。

1. 制定自主学习任务单

教师在上新课之前都会布置预习新课的作业,学生主要是通过课本阅读的方式来完成预习任务。学生在预习时,如果只是漫无目的地阅读,是不会产生好的预习效果的。然而由于课本没有生动的画面或者新颖的导入,难以吸引学生的注意,导致学生实际的预习效果不够理想,学生完成预习的情况,也有很大的随机性和不确定性。

学生在用微课进行预习前,教师需要发布"自主学习任务单",通过自主学习任务单让学生明确学习任务,让学生知道预习什么,哪些知识需要重点关注,使得学生不再盲目学习,而是有方向、有目标、自主地进行学习,而且也为学有余力的学生提供超前学习的平台。学生根据自主学习任务单来开展自主学习,促进自主学习的高效实施,提高了学生的学习广度、深度,达到学习目标。

要达到较好的预习效果,教师要保证自主学习任务单的设计质量,需要针对学生的实际情况进行制定。教师需要在深入研究教材内容和学生知识基础的情况下,精准分析教学内容与教学目标,精心设计一系列的问题,通过制作导学案或学习任务单,设定学生预习的任务与目标,引发学生自学时的思考。主要内容包括知识点的整理、知识体系的建构、学习目标的建立和重难点的点拨,并针对各层次学生精心挑选自学检测题,将预习任务作为驱动,引导学生有意识、有步骤、有重点地预习,通过细致的设计和编排最大限度地扫清盲区。学生通过自主观看视频,结合自主学习任务单对所学内容进行思考,通过微信、QQ等通信平台与学生、教师互动交流,了解彼此的收获和疑问,完成互动解答。

学生以纸质版导学案配合教学视频的观看,在没有上课的情况下先进行自主学习。配合以导学案设置相应闯关问题,以奖励形式呈现,不但提高了学生观看视频的兴趣和动力,同时强化了学生对化学实验的认知与理解,还能够初步判断出每位学生的疑点、难点所在,极大地提高了课堂交流的针对性和有效性。与传统意义上的课前预习相比较,这种主动获取知识的方式效率更高、预习效果也更好,为后续的课堂教学做好铺垫。

自主学习任务单可以这样设计:

任务一:温故知新,知识回顾;

任务二:知识梳理,明确要求;

任务三:观看微课,学习新知;

任务四:基础检测,巩固新知;

任务五:拓展运用,发现问题。

教师从"幕前"退到了"幕后",正是教师的这种"撤退"才实现了把"学权"还给学生的目标,让"以学为中心"的学习模式运转起来,使教师成为学生自主学习的指导者,从而营造和谐的学习氛围,让学生享受到学习的乐趣。

2. 课前预习的教学方案

在实施新课程改革以来,尤其是即将进行的新高考,学生获取知识的方式有了较大的改变,虽然前置学习越来越受到广大教育工作者的重视,但是即使教师安排了预习的任务,受到学生能力的限制,也只有极少的学生能够完成课前预习的要求,大多数学生因为学习紧张、懒惰地预习或找不到预习的重点,导致课前预习效果不理想。

因为绝大部分学生预习后只能留有初步印象,获取简单的表面知识,对知识的重点无从把握,且不能较深入地思考,也无法提出具有深度的问题,所以更谈不上对知识的理解。如何引导学生高效率地开展预习是开展教学的关键所在,针对此现状,可以用微课资源辅助课前预习,引导学生有效利用网络课程资源展开自主学习活动,为新课程的讲授做好准备。微课资源能结合学生的认识储备规律和知识形成发展思路,引导学生自主学习,有效激发学生的探索热情。

用微课资源辅助课前预习,主要是让学生观看视频,明确预习任务,完成自主学习任务单,这样学生才能清晰地知道所要学习的主要内容,了解即将学习的新知识的框架与重点。微课视频可以对知识点进行导入,对知识间的逻辑关系、学习的重点、例题讲解和小结归纳进行剖析讲解。同时为了保证良好的教学效果,就必须在微课视频中设置新颖别致的问题,增加师生间的互动,激发学生的探讨欲和主动性,利用问题引导学生思考的方向,提高学生预习活动的参与度。通过微课资源可以更好地引导学生在课前对知识进行有效的理解,教师再为学生准备配套练习,检测学生对知识的掌握情况。学生及时反馈知识体系中发现的问题,带着这些问题走进课堂,教师以这些问题引导课堂教学,学生也可以将自己发现的规律特点总结出来,在课堂上分享。学生在学习中成为主导,有利于教学时效性的提升,同时有利于自主学习能力的养成。

实践结果证明,学生更喜欢微课资源这种课前预习的方式,微课资源不但提高了课前预习效果,还提升了学生的思维品质。

案例一 在引导学生预习"氨气的化学性质"这节内容时,可以通过插播氨气的喷泉实验视频的方式,引起学生的学习兴趣。学生通过微课视频明显地观察出导管中的液面很快上升,圆底烧瓶内出现喷泉,圆底烧瓶中的溶液由原来的无色变成了红色,从而引起学生的兴趣和质疑,激发学生进行积极探究,最后得出氨气的物理性质:在水中溶解度很大,且能快速溶解。滴加酚酞试液的水溶液变为红色,说明氨气的化学性质——氨气能与水反应生成可溶性碱性物质。这样既节省了演示实验所占用的时间,又可以达到演示实验的教学效果。

案例二 在引导学生预习"乙醇的化学性质"这节内容时,关于乙醇与钠的反应,反应的实质是钠与乙醇分子中的羟基氢发生置换反应,生成氢气,在必修一中学生学习了水与钠反应,由此前后联系,通过观察水分子的结构,引导学生判断乙醇分子中的哪个氢原子参与了这个反应。为了让学生了解水和乙醇分别与钠反应的剧烈程度,将两者反应的实验视频通过视频软件整合在同一幅画面上同时展示,让学生对比实验现象,得出结论。然后,通过分析乙醇和水的结构式,对比羟基中的氢原子的活泼性,从而归纳总结出乙醇分子和水分子中羟基的性质。

案例三 在引导学生预习"分子和原子"这节内容时,"探究分子运动"是教学的重点。微观分子不易观察,抽象难懂,若采用传统的教学方式,学生难以理解,可以借用微课资源学习这一知识。首先结合生活实例提出问题:为什么走到苗圃前能够闻到花的香味?蔗糖放入水中为什么"不见"了,而水却有了甜味?湿衣服为什么能被晾干?接着演示"探究分子运动现象"的实验,学生通过宏观的实验现象,难以理解实验的微观本质,此时再播放分子运动的微观动画,揭示这个过程的微观实质,宏微结合,化抽象为具体,使学生理解分子是时刻运动的。此时学生已经会解决之前提出的几个问题:闻见花香、蔗糖消失、湿衣服晾干都是分子运动的结果。

此时追问:湿衣服为什么在阳光下比阴凉处干得快呢?为什么是盛酚酞溶液的烧杯变红,而不是盛氨水的烧杯?分子运动速率受哪些因素的影响?学生体会到自主解决问题的喜悦,求知欲得到激发,这时他们观看给水升温水分子运动速率加快的动画和酚酞分子、氨气分子运动的微观动画,总结得出分子运动的快慢客观上受温度的影响,温度越高分子运动速率越快,主观上受分子自身质量的影响,质量越小分子运动越快。问题的提出到最终的化解一气呵成,最后简单总结,加深学生印象。

案例四 在引导学生预习"燃烧的条件"这节内容时,教师可把生活中的燃烧现象制作成微课视频,将其作为课堂导入,如"变色的纸花""烧不坏的手帕"等化学视频。教学视频可以是知识梳理类的,也可以是物质燃烧条件探究实验类的,对于实验的步骤,实验所需的用品、设备以及材料等要细致清晰,引导学生在预习的过程中找出实验中燃烧的条件以及温度的临界值,以此调动学生的学习兴趣,使其积极主动地参与到化学实验教学中。同时,教师还可以让学生将纸条、小木条、酒精等作为材料展开实验操作,引出燃烧相关的条件以及灭火原理等内容,使学生了解氧气与物体燃烧之间的关系。教师需要强调实验过程与反应现象,使学生可以更加清晰、直观、动态地感受实验的操作技巧,明确实验中需要准备的设备、材料以及注意事项,并根据实验过程总结实验原理,提高预习的时效性,取得理想的学习成果。

案例五 在引导学生预习"生活中常见的盐"这节内容时,通过微课将生活中常见的食盐、大理石和实验室中的一些盐类物质,如硫酸铜、氯化铁等进行直观展示,使学生知道化学与我们的生活密切相关,使他们能更好地了解现实中的各种盐,特别是食盐与化学中的盐的异同,引出盐类的定义(盐是由金属阳离子或铵根离子与酸根阴离子组成的化合物),为下一阶段的学习奠定基础。

案例六 在引导学生预习"化学反应原理"这节内容时,在"盐类的水解"一节中,传统的教学模式是以"Na_2CO_3,俗称纯碱,属于盐类为什么叫'碱'呢?"引入新课。如果教师现在还是如此照搬地引入新课,就会使得新课导入缺乏新意,不足以引起学生的注意力,自然就更无法激发学生的听课激情。此时,如果我们先制作微课视频,在视频中先提出:"为什么在焊接铁架的过程中通常用$(NH_4)_2SO_4$溶液清洗?"接着录制一组探究实验:在室温下,将镁条分别放入蒸馏水和$AlCl_3$溶液中,观察实验现象。通过微课视频,学生就会发现问题:为什么镁条放入$AlCl_3$溶液中会出现大量气泡?这时,教师再提出问题,引导学生将问题归结为"溶液显酸性",由此导入新课,就会激发学生的探究兴趣。而学生也会更主动、积极地参与到整个教学过程中,从而提高化学课堂教学效率。

案例七 在引导学生预习"实验室制取二氧化碳"这节内容时,教师需要引导学生在实验室制取二氧化碳的研究中,探讨二氧化碳制取原理的选择。因为学生已经学习了一些产生二氧化碳的反应,教师在微课中提出疑问:为什么不用燃烧木炭法制取二氧化碳呢？为什么不用木炭还原氧化铜制取二氧化碳呢？引导学生课前思考，在课堂上，就可以围绕多个产生二氧化碳的反应，从原料来源是否丰富、操作是否简便、气体是否纯净、速率是否适中等方面通过分析、演示实验等手段去论证制取二氧化碳的可行性，拓展了学生的思维，方便学生掌握二氧化碳的制取原理。

案例八 在引导学生预习"气体的制取装置"这节内容时，利用微课将气体的发生装置展示出来——固固加热型和固液常温型，再将固液常温型的几种常见装置及其优点一一介绍；接着再把气体的收集装置和适应范围对应分析，最后介绍多功能瓶的使用方法。利用微课教学，不仅缩短了教学时间，也让学生更直观地理解了这些装置的应用。

上课前，教师通过学习平台向学生发送本节课的微课教学资源，并要求学生在观看微课时，明确学习的重点和难点，完成配套的进阶练习，教师则通过查看学生进阶练习的完成情况，来了解学生的自学情况，学生也可以提出一些自己存在困惑和不理解的问题，并通过反复观看微课视频的方式进行解决，若仍然无法弄懂相关的问题，可以在课堂上向教师或学生寻求帮助。

在课堂教学中，学生在课堂学习前就已观看微课并完成自主学习任务单，那么，在课堂中教师应该做什么呢？只是简单地订正任务单上的错题，或是回答学生提出的问题？当然不是。根据不同学科的特点，教师可将课堂教学的核心设计为：问题、探究、互动。

问题，即在课堂开始前，教师引导学生对所要学习的知识内容进行思考，梳理知识，提出疑问和问题。探究，即围绕问题进行探究，可以设计实验进行探究，在实验中获取真知，提升学生的学习能力。互动，即师生、生生之间的交流、互动，可以就学习过程在学习结束后进行知识小结、交流、互动。

问题、探究、互动是环环相扣的，每个环节缺一不可。通过问题的提出，锻炼学生思考问题的能力。而探究会让学生在动手实践中得到真知。互动交流能启发学生的思维，在交流中碰撞出不一样的知识火花，实现"学权"还给学生之后的升华，为以后的终身学习埋下健康的种子。

为了更好地在教学中应用"微课导学"策略，教师可将学生分为人数相同的小组，每组设定相应的学习任务，让学生合作完成，如果学生遇到问题可通过相互讨论、研究的方式解决。这种方式使每个学生都参与到学习讨论中，通过合理搭配，将每个学生的优势发挥出来，从而使学生的学习效果得到提升。微课视频画面精彩纷呈，内容形象直观，可以使学生尽快地融入新课内容的学习中，从而有效激发学生的学习兴趣。

3. 概念理论的教学应用

大多数文献观点认为微课分为实验技能型微课和习题型微课，并且这两种类型的应用研究较多。在日常教学工作中发现微课还有一种以理论知识传递为目的，在课内、课外均可应用的表现形式。此类型包括知识点归纳总结、教学重难点解析、典型例题分析与拓展、趣味科学史介绍等等，以补充传统课堂的不足之处。

化学基本概念和基本理论是化学知识体系中非常重要的内容，是学习化学必须掌握的基础知识，同时，化学学科教学内容中很多理论知识点比较抽象、复杂，是中学化学学习中的难点。比如，初中化学中分子和原子、电子的运动规律和位置关系，高中化学中有机化学基础、物质结构与性质等知识的教学。在实际教学过程中，许多教师感叹无论自己怎样"挖空心思"来备课，大多数学生还是无法想象出教师对反应过程的抽象描述，学生不能理解，难点仍然存在。同时很多知识点的知认较为繁杂，又存在一定的相似度，学生就容易出现诸多错误。

例如，物质的量的相关计算是学生易失分的知识点之一，大多数学生一见化学计算就心生恐惧。仅凭教师在课堂上的分析和讲解，往往很难让学生在相对较短的课堂时间内掌握，更别提让学生对知识产生深刻的印象了，教师往往是通过不断地演示，让学生领悟计算的步骤和公式的运用。

如何在教学过程中不仅让学生准确地记忆基本概念，还能深刻理解并把握其内涵与外延呢？

此时教师可以将微课引入到课堂教学中来，利用微课突破教学过程中的难点和重点。教师在进行微课制作时，必须从学生的认知角度出发，从学生的知识储备入手，利用学生熟悉的图片、声音、动画、视频等多元化元素来向学生呈现教学情境，充分考虑学生的年龄特征和理解能力，争取让所有的学生都能够理解。在设计微课时，教师既要保证微课设计的合理性，还要找到这些知识点之间的联系和规律，可以改变知识的认知过程，将抽象的知识变得具体化，将复杂的问题分解为多个简单的知识点，让繁琐的东西变得简单明了，使难点不再"难"，重点不再"重"，加深学科知识的理解，引导学生在具体场景下进行相关的学习和探究。教师可以通过微课资源生动形象的课堂讲解，科学合理地利用微课视频的展示、突破教学重难点。比如将微观抽象的分子、原子核等进行具体形象化的展示，借助微课让微观世界变得清晰可见，大大提升教学效率，为学生增加理性的表现，利用生动活泼的方法让学生掌握和理解所要学的知识点。这样不仅能够使微课教学更具生动性和吸引力，同时也能够全面提升化学课堂学习的效率和质量。

学生可以根据自己对知识点的掌握程度，反复学习，直到自己完全掌握为止。微课教学不但有效缓解了教师教学的压力，减轻了教师的教学负担，而且还使学生的学习效率得到飞速提升。

案例一 在教授"氧化还原反应"这节课时，由于本节知识概念较多且重要，逻辑关系接近容易混淆，包含氧化还原反应的判断与实质，氧化剂、还原剂判断以及在氧化还原反应中的化合价变化、得失电子、反应类型等内容。在教学中，仅凭课堂时间很难让学生区分掌握，需要教师反复强调。针对这一情况，教师就需要调整微课视频,将这节课的内容分为三个微课专题:第一个讲解氧化还原反应的基本概念和实质以及和四大基本反应类型之间的关系;第二个讲解电子转移的表示方法以及利用电子的得失守恒规律对氧化还原反应方程式的配平;第三个讲解氧化还原反应过程中氧化剂和还原剂的反应规律以及氧化性和还原性强弱的判断。这样进行微课专题调整,可以降低学生学习的难度,学生通过反复观看,轻松记住微课中展示的知识点,就能逐一突破每一个知识点,学生学习的效率和质量得到极大的提高。

案例二 在教授"乙醇的化学性质"这个知识点时,传统教学中,乙醇的分子结构都是通过教师在黑板上书写来教授的。黑板无法展示动态的立体结构,不利于学生想象和理解。教师可以利用微课给学生展示乙醇的结构式,让学生对乙醇有一个感性的认识,再利用动画展现乙醇在化学反应过程中化学键的断裂及形成的关系,使知识的教授与学习更加生动、具体、形象,帮助学生理解与记忆。

案例三 在教授"酸碱中和反应"这个知识点时,传统教学方法无法展示反应的实质,而且实验过程中温度计的测量容易受到装置和环境的影响。为了帮助学生理解中和反应的实质是氢离子和氢氧根离子结合生成水分子的过程,教师可将稀盐酸滴加到氢氧化钠溶液的过程制成微课,给学生展示中和反应就是氢离子和氢氧根离子结合生成水分子的过程,而钠离子和氯离子在反应前后物质的量保持不变,从而让学生能准确理解中和反应的实质。通过反应过程中温度计显示数的不断增大,证明酸碱中和反应是放热反应。对比不同物质的量的盐酸和氢氧化钠反应时,温度计示数增大量的关系,得出反应物参与反应量与反应过程中放出的热量成正比例关系,既而快速突破本节知识点中的重点和难点。

案例四 在教授"物质的量"这个知识点时,物质的量是一个非常抽象的概念,贯穿在整个高中化学的学习中,是高中化学计算中的重中之重。同时也是一个难点,因为这个概念是研究微观粒子的层面,看不见、摸不着,所以要理解这个概念,就要求学生具备较强的抽象分析能力和空间想象能力。教师怎么才能更好地帮助学生理解并掌握这个概念呢?需要在学生的脑海里构建类似的模型,而在课堂上,即使教师在教授过程中不断地重复和解释,也不容易做到。若是在这类课程中引入微课,就是一个比较好的方法。在实际教学中,教师引入常规概念:一份、一打、一盒,先让学生有化零为整的概念,然后再引入可见的细小颗粒,如面粉、食盐的计量方法,再过渡到看不见、摸不着的微观粒子的计量方法,这样学生就容易理解微观粒子中一份的量就是 $1\ mol$,此物理量定义为物质的量,单位是摩尔。再配以练习,让学生明白物质的量的适用范围和常见陷阱。在制作微课视频时,图像和语言一定要表述清楚,学生在感到疑惑的地方可以及时暂停、回放。将知识点制作成微课也有助学生课后巩固,让学生可以感受到教师时刻就在身边。

案例五 在讲授"化合价"这个知识点时,教师可以借助微课视频展示化合价的定义、化合价的意义、化合价的书写、化合价的口诀、化合价与离子所带电荷之间的关系、化合价与原子结构示意图之间的关系以及化合价的相关计算和应用。实例分析有助于学生理解和接受以及对知识的应用,把握知识点之间的内在联系,将相关的知识点串联起来,形成完整的知识体系和知识网络。

学生可以根据自己的需求和实际情况选择合适的微课,自主进行知识点的学习或者巩固,加深对知识点的记忆与理解。

4. 课堂教学的教学方案

在课堂教学中,为了有效地引入新课,教师可以根据微课视频时间短、教学内容明确的特点,利用微课视频引入新课。同时对于学生而言,每节课的前几分钟是注意力最集中的时候,在这个时间段内利用微课资源向学生传达本节课的教学目标和内容,这样学生在上课前对本节课的教学内容有了初步的了解,在课堂上就能跟上教师的节奏。如此一来,学生在学习中的角色就会随之发生变化,从以前被动地听教师说,到现在成为课堂探究交流的主体,带着疑惑去学习,大大地提高了学习的效率。在高效课堂中进行有方向的学习,有效地强化教师在教学中的引导作用。同时利用视频也能够直观地呈现出化学与生活的联系,教师可以将一些生活中的实例通过动画进行演示,让学生主动将学习与生活联系起来。

学生成绩不理想的原因往往是学习过程中出现的问题不能及时解决,久而久之造成成绩的落后。将微课引入到课堂教学中,可以集中学生注意力,培养学生自学能力,使学生减少对教师的依赖,增强学习的独立性,帮助学生发现问题,再通过互动交流集中解决学生存在的疑问。

案例一 "化学平衡的判定标志"的微课设计

微课设计思路:先进行知识回顾,对化学平衡的定义进行深刻解析,提炼出化学平衡到达后特有的标志是"等"和"定"。结合同步检测,引导学生去分析每项形式与"等"和"定"的本质关联,体会"标志"的真正含义。紧接着利用微课再次呈现如何去判断并精炼出"等"和"定"的本质。换一种形式去展现重点,不仅使学生的专注力得到了延续,也能帮助学生更好地抓住重点,突破难点。

案例二 "原电池"的微课设计

将原电池这一个较完整的知识点设计成四个微课教学视频。

微课视频1:复习氧化还原反应的相关概念

氧化还原反应是我们所熟悉的反应类型,它的基本特征是反应前后有元素化合价变化,而化合价变化的本质原因是反应过程中有电子转移或得失。提出问题:以 $Zn+H_2SO_4=ZnSO_4+H_2\uparrow$ 为例,请用单线桥法标明反应过程中电子转移方向,并写出其中的氧化反应和还原反应。

微课视频2:为探究原电池工作原理

化学电源在日常生活中比较普遍,比如干电池、蓄电池、锂电池等,你知道它们是如何工作的吗?实验探究:如何将 $Zn+H_2SO_4=ZnSO+H_2\uparrow$ 的化学能转化为电能。设计三个对照实验。

实验1:将锌片插入稀硫酸溶液中。

实验2:将铜片插入稀硫酸溶液中。

实验3:将铜片和锌片用导线相连后插入稀硫酸溶液中。

布置思考题:在实验3中,铜片上为什么会产生气体?铜片上产生的是什么气体?气体是哪种粒子变化产生的?氢离子所得到的电子是哪里来的?

通过电流表的指针发生偏转,证实实验3可以产生电流,引出了原电池的基本概念,然后通过实验现象,归纳总结原电池工作原理。

微课视频3:探究原电池的构成条件和本质

结合多种原电池的典型实例,总结归纳原电池的构成条件和本质,同时培养学生观察能力、探究能力和总结归纳能力。

微课视频4:结合铜锌原电池实例,总结原电池正负极的判断

其中微课视频1和微课视频2在课前发给学生作为自主学习的视频资料,帮助学生理解氧化还原反应的相关知识:$Zn+H_2SO_4=ZnSO_4+H_2\uparrow$反应中的电子转移;通过分析Cu-Zn原电池的工作过程和实验现象,总结原电池正负极反应类型、电子移动方向,溶液中离子移动方向,归纳原电池的工作原理。

微课视频3和微课视频4在课堂上播放,用来内化和应用知识,进而使学生能设计原电池,理解化学能转化成电能的方式,掌握重难点,完成教学目标。

案例三 "制取二氧化氮"微课设计

在教授制取二氧化氮的实验时,可以借助微课完善合作实验教学方案。实验准备阶段:按照公平性和互补性对学生进行小组分配。公平性是指每个小组都有基础知识扎实的学生和后进生;互补性是指每个小组都有化学理论基础强和化学实验动手能力强的学生。接着播放微课,要求学生以小组为单位,按照微课中展示的实验步骤制取二氧化氮,比拼哪个小组制取得又快又好。此实验任务激发了学生的好胜心,为了不拖小组后腿,他们较为主动地发挥自身实验能力,如理论基础强的学生根据微课内容分析实验原理,推理实验方程式为:$Cu+4HNO_3=Cu(NO_3)_2+2NO_2\uparrow+2H_2O$;化学实验动手能力强的学生,仿照微课中展示的仪器,一步步地进行实验操作,完成整个实验。在合作过程中,让学生交流观看微课的心得体会,在他们完成合作实验任务的同时,也有效弥补了自身化学能力上的不足。

合作实验中微课的应用能有效降低实验难度,使得每个学生都能更好地参与到实验探究活动中。合作实验的开展为学生提供了良好的交流分享平台,学生能根据自身发展诉求选择合适的实验方式,生生之间实现相互促进、共同发展。

案例四 "氧化还原反应"微课设计

在进行氧化还原反应的实验教学时,合理引入微课能全面体现学生的主体地位。教学开始,先带着学生一起学习氧化还原反应的理论知识和简单的化学方程式,纯理论讲述可能让学生很难在短时间内理解掌握。这时候引入微课,通过视频

的形式分别呈现出氧化反应和还原反应过程微观层面的物质变化,使学生对氧化还原反应有更深入的了解,便于学生观察和思考。随后引导学生探究氧化反应和还原反应的异同点,将抽象知识点具体化,降低理解难度。整节课在宽松的氛围下进行,学生的实验积极性明显提升,每个学生都主动参与到课堂教学活动中来,学生的化学综合能力得以提高。

案例五 多媒体与模型相结合的教学模式

晶体堆积方式的学习,对学生的空间想象能力和逻辑思维能力要求很高,虽然多媒体能够将堆积方式直观地展示出来,但是仍然是以教师讲授为主,学生结合图片或简单的动画,并不能很容易地建立空间立体结构的印象。教师可以采用模型与多媒体相结合的方式,让学生自己动手拼装并观察堆积模型,不仅增强了学习的趣味性,让抽象的知识具象化,也让学生对晶胞堆积方式的理解变得更加的容易和深刻。

微课的应用可以有效解决学生无法观察到微观层面变化的问题,能改变学生固有的实验探究手段,帮助他们更好地完成实验任务,充实化学认知储备的同时,也帮助他们养成了良好的自主实验习惯。通过观看微课进行课堂教学,还能够很好地集中学生的注意力,表述教学重点,引导学生思考的方向,提高学生预习活动的参与度。

5. 课后解惑之微课

学生之间的差异是必然存在的,作为教师,首先应该尊重这种差异的存在,在认可学生差异情况的基础上,提出解决方法来克服这样的差异带来的负面影响。

不管多么优秀的学生,仅仅依靠课堂学习,在有限的课堂教学时间内,也很难将教师传授的知识完全吃透,有的学生难以快速理解并掌握教师教学的知识点,难以跟上班级教学的步伐,导致学习成绩下降。

化学同物理、数学一样,属于理科,习题是化学学习中的重要组成部分。因此在教授完每节课后,教师都会布置课后习题作业,对当堂教学内容进行巩固。课后的复习和巩固是学生学习中必不可少的环节,认真做好这个环节,学生的学习能力和学习品质也能不断提升。然而现实状况是:学生存在个体性差异,同样一节课,在同一个教室里,听同一个教师讲解,不同学生掌握知识和理解程度还是不一样。因而在课后习题上,优秀生轻松完成任务,感觉作业没写多长时间就完成了,意犹未尽。而学习困难生由于课堂知识理解的"夹生饭",在做作业时显得力不从心。久而久之,为了按时完成教师布置的课后任务,学困生很容易养成拖拉作业或者抄作业的坏习惯。为了解决这类问题,很多教师会进行课后一对一辅导,针对不同学生设计不同层次的训练等,这样增加了教师的工作量,不利于长期工作。

课后复习与学生的学习效率也有着密切联系,化学的题型较为复杂、多变,学生需要经过多次练习才能够掌握题目中所包含的知识点,并整理出正确的解题思路。化学题目往往涉及实验设计、化学工艺,学生难以全面掌握这些知识。传统的习题课都是停留在教师讲、学生练的方式,甚至出现教师一言堂的现象,费时、费力且效率低。庞大的微课资源恰好满足了课后复习的需要,解决了这一类问题。教师可以将教学内容中较难的知识点制作成微课视频,利用播放视频的方式为学生展示重难点知识,完成重难点的突破。教师也可以尝试利用微课资源辅导学生课后复习巩固。学生在课后通过反复学习微课资源,加深对学科知识的整体理解,进而对学科知识进行牢固掌握。为了提升复习效率,教师可以通过微课的形式将一些易错点和易混点汇总整合。学生通过观看微课,对知识掌握得更准确、更牢固,知识体系更加完善。

与课前微课主要思路是概述、课堂微课主要思路是构建情境不同,课后微课主要思路是总结和归纳,也可以是经典实验、专题讲座。学生课后学习微课,可以根据自身实际需要,挑选适合自身能力成长的微课,对学科知识进行再学习,再巩固,再突破。微课能够循环播放以及暂停播放,学生可以拥有充足的时间对知识进行理解以及深化。

教师还可以在课后微课资源中适当地插入检测习题,引导学生进行答题方法和技巧的总结,让复习也变得轻松起来,也可以在难点以及重点的地方放慢速度,进行适当点拨,鼓励学生进行大胆尝试,敢于表达自身想法,促使其逐渐养成创新意识以及创新思维。

这种复习方式能够准确地将学生学习状况反馈给教师,了解学生认知的偏差后,教师可以根据个体差异性进行针对性教学。潜移默化的练习,也避免了纸质作业给学生造成的心理负担,既提高了学生的学习质量,也提高了学生的学习主动性。

案例一 "化学能与电能"课后微课资源设计

新课内容包括原电池的含义;原电池的反应机理和形成条件;电极方程式的写法;原电池实际应用;正负极的特征;一次电源、二次电源的区别;燃料电池发电的过程等。可以说新课内容较多,学生要想通过短短的课堂45分钟就达到知识的认知、理解、消化和吸收,是比较吃力的。微课就可以很好地解决这一问题,如针对学生理解问题的困惑,可以设计常见问题的"问与答";针对知识混乱的学生,可以设计梳理知识点之间的逻辑关系、知识系统性、考试的侧重点等的"知识回顾";针对学有余力的学生,可以设计相似题型综合展示的"解题模型"。微课教学以本节的教学重难点——原电池的反应机理和形成条件为内容,分别以微课的形式录制出来,方便学生在课余时间观看学习,这样有效地解决了教学"一遍过"的现象,解决不同学生由于接受快慢不同造成学习困难的问题。

案例二 "资源综合利用——环境保护"课后微课资源设计

当学生已经完成了本节课知识的学习,但是对于其中的难点还是有一点不懂的地方时,教师就可以利用微课的方式将本节课所教的知识进行总结,将石油与煤的加工过程、反应特点、产品类型、深加工与生产目的进行对比分析,帮助学生更好地理解石油与煤在人们生活中的具体应用价值。然后教师提供课后练习,让学生进行巩固训练,同时展示石油的分馏实验,让学生在完成问题的过程中,更好地掌握学科知识,增强环保意识,并对三大合成材料进行统计分析,帮助学生理解聚合反应的具体意义与应用价值,从而完成学科知识的巩固学习。

案例三 "滴定曲线图像"课后微课资源设计

本节课知识点较多,多是在题目中的应用,需要教师手把手地教授学生知识的运用,微课视频的教学重点是讲解巧抓五点:滴定的起点、滴定一半的点、恰好反应的点、中性点、过量点。教会学生如何突破这类题型的考查,并通过题目练习巩固。又如分数分布图像,教师在视频中以草酸溶液中逐滴加入 NaOH 溶液的分数分布曲线为例,以交叉点的分析和应用突破这类题的陷阱。还有一些电导图像电解质溶液的稀释图像等问题都可以制成微课视频,让学生课后可以反复学习,使学生有自主学习的空间和时间,通过观看视频就可以达到释疑解惑的效果。

案例四 "水溶液中的微粒浓度"课后微课资源设计

这节课的知识点几乎是高考选择题的必考题,尽管很多教辅在设计巩固知识时都分了层次,但学生在完成相应练习时,仍难以独自解决这类题目,在平时教学中需要教师反复讲解。教师可以先精选几道典型题目,引导学生如何审题、入题、解题。虽然在黑板上也能讲解,但书写耗时,课堂时间紧张,使用微课辅导就可以循环播放,学生根据需要不断回看,教师也避免了日日念"同样的经"。

案例五 在复分解反应的习题课中,教师可以将复分解反应涉及的金属氧化物与酸、酸和碱、酸和盐、碱和盐以及盐和盐五大类反应制成微课。在微课中,每类反应不仅有例子,而且有具体反应的视频和图片。这样利用微课复习,不仅能帮助学生整理所学知识,还能提升学生学习的兴趣,使复习变得轻松,提高复习效率。

教学不仅仅是在课堂,课后也是重要的组成部分。教师可以通过批改作业、练习收集学生易错、常错部分的作业、在平时的考试和练习中出现的重难点习题、有价值的习题,指出错误原因,并把批改过程、讲解错误原因的过程录制下来,制作成习题类微课,通过微课,实现课后教学答疑解惑的目标。

6. 微课发布

在设计微课教学的过程中,要想更好地发挥微课的作用,除了内容和形式上要更贴合教学内容和学生的认知规律,还需要有一个便捷的微课上传和下载的平台,便于微课的传播和师生之间的交流。

目前大多数学生都使用方便灵巧的智能手机,微课除了适用于 PC 端的多媒体课件,还可以开发出相应的手机端 APP,方便学生使用不同的终端学习,也可以利用当下风靡全国的社交软件——微信,来发挥微课教学的优势。微信各项功能都是免费的,手机资费套餐都包含一定的流量,这为使用微信进行学习创造了条件。

教师要根据课程的主题思想和重点来设计微课,将学科知识的基本概念、解题技巧、方法归纳等分步骤录制成教学视频。借助于信息技术的发展,微课视频的类型也更为丰富,除了最常见的 avi、wmv 格式,还有专门针对视频学习的 swf 格式,适合网络传播的 flv 格式,这些格式的视频具有视频存储小和教学效果好的优点,可以自由地切换到重点学习的片段。

化学学科涉及众多知识点,各个知识点具有"微小"特征,都能自成一体,符合微课设计特点。

教师上课前根据学生的学习需求和教学内容,进行微课的制作,包括学习任务单、微课视频和进阶练习,并于课前在教育资源应用平台发布微课,也可在微信公众号上定时向学生推送微课。通过关注微信公众号进行学习,方便学生合理地安排学习时间,满足碎片化学习的使用需求。学生可以在任何时间、任何地点,使用网络查找自己需要的微课开始学习,将学习心得和学习中遇到的问题及时记录下来,也可在微信公众号中留言,实现与教师的交流。课堂上教师引导学生进行问题讨论,小组内合作学习,最后逐一突破学生提出的问题,并将知识总结归纳,帮助学生消化吸收。对于没有及时掌握的学生,再安排学生课后继续复习微课,进行巩固练习。

有条件的学校还可以利用校园信息网络平台,更充分地发挥微课的作用。在网络平台上,学生不仅可以实现随时随地在线学习或下载视频,还可以与教师、其他学生进行线上互动,及时对微课学习过程中发现的问题进行讨论和交流。教师不仅能够在线答疑,更可以整理总结学生学习过程中存在的问题,单个问题个别辅导,共性问题有针对性地在课堂上集体解决。

上课前学生自学。上课时,引导学生发现问题、分享问题、讨论问题、解决问题等。再让学生通过具体的练习,达到融会贯通的目的。学生通过观看微课的例题分析、解题过程、注意事项等学习解题要素,既激发了学习的积极性,又培养了分析自学能力。

案例 在学习化学必修一"氧化还原反应"这节课时,教师可以先给学生下发学习任务单,要求学生了解氧化还原反应的本质、氧化还原反应的相关概念、氧化性还原性的强弱比较、氧化还原方程式的配平等,并提示大家从中国微课网(https://www.cnweike.cn)检索微课资源,其中可以查到与"氧化还原反应"有关的微课共 13 个,包括氧化还原反应的概念 4 个、氧化还原反应的配平 4 个、氧化性还原性的比较 2 个、氧化还原反应的相关计算 1 个、氧化还原反应过程中电子转移守恒的运用 2 个,网络上丰富的微课教学资源让微课教学成为可能。学生通过智能手机或平板电脑等移动设备自主学习,顺利完成任务单上的学习任务,掌握氧化还原反应的基本知识。在教师的引导下,学生在课堂上有更多的时间讨论、分析、解疑和比较,不仅提高了学习的效率,还加深了学习的深度。教师可以在教学当中合理地运用讲授型微课,这样能够让学生更好地理解和掌握教学难点。

微课教学主要在于给学生提供优质的教学资源。任课教师应该在微课的选择上慎重把关,虽然在网络上有来自全国各地的优秀教师从各种各样的角度诠释的微课资源,但是还需要教师筛选出适合自己学生的微课资源,有必要的情况下可以自己录制相关的微课视频,保证重难点的顺利突破。

将做好的微课发布在班级网络平台(班级微信群或 QQ 群)实现共享,让学生能够通过微课了解某一题型的解题方法,让没有完全弄清楚的学生在课下自行观看,可以反复看,有选择地看,有针对性地自主观看,不仅学生作业中的错误能够及时反馈,而且提高了学生的学习效果和学习兴趣,提高学生自主学习意识和能力,从而使学生养成良好的自主学习习惯。学生可以根据自己的需求来选择微课,经过反复的学习和练习掌握该题型的解题方法。

7. 微课的结尾

微课视频在最后可以用一个小结作为结尾,小结的形式可以是对内容要点的归纳,也可以是方法思路的指引,这样能让学生对所学知识有一种完整的感觉,让学生对所学内容加深印象,减轻学生对知识的记忆负担。一个完整的小结,能给一节优秀的微课起到画龙点睛的作用。

教师也可以在微课视频的结尾布置一些与教学有关的问题,同时引导学生总结本章节重点及规律,问题不宜过多,具有代表性即可,让学生将新知识纳入已有的知识体系。

作业是检验学生学习成果的一大重要标准,教师应设计少而精的习题,用于巩固本章节知识。在每一节微课资源学习之后,可以配以练习检验学习效果,巩固所学知识点,引导学生运用所学知识,激发学生学习知识的欲望。

教师还需要规定微课视频观看截止时间和作业提交日期,在所有学生均提交作业后,教师要及时进行批改,找出学生存在的问题,在进行课堂教学时对错误率较高的题目着重讲解。

比如在人教版"化学反应原理——水溶液的离子平衡"的复习课上,学生对于电解质溶液的图像分析一类的题型,很难得分。此时,教师就可以将它设计成微课系列,建立完善的微课教学知识体系,再加入一些优质的模拟试题。如此一来,学生可以清晰地看到解题过程,通过练习巩固新知识,学习效率自然就会提高。

4.5　化学学科微课的导入设计

随着近几年微课在教学中的发展,人们对于微课的展示形式从之前的知识点讲解到有了更高的审美要求和教学逻辑要求,要求微课在短短几分钟内既要完成教学内容,又要保证教学过程完整。

一节成功的微课要快速引入课题,在第一时间抓住学生的注意力。因此微课的导入十分重要,它是微课视频的第一部分,要在较短的时间内安定学生的情绪,将学生带入教学情境,还要激发学生的学习兴趣。好的导入对于一节微课来说就成功了一半,但无论用什么形式引入,都要力求新颖、有趣、有感染力,与题目关联紧密,快速切题。接下来,我们就以化学学科微课设计为例,交流几种常见的微课导入方式。

1. 矛盾认知导入法

挑战以往认知,与以往认知产生矛盾,这种方式可以很好地调动起学生的好奇心和兴趣,激发学生的求知欲。

"钠与盐溶液的反应"这个知识点是在"钠与水的反应"学习之后,而在初中的化学学习中,归纳常见金属活动性顺序中的金属性质时,提到较活泼的金属能把不活泼的金属从它的盐溶液中置换出来,在这一认知的前提下,学生对于钠与硫酸铜溶液的反应预测结论是:钠将铜离子以单质形态置换出来。而在插入的"钠与硫酸铜溶液的反应"实验视频中看到的现象是:钠浮在水面上游动,有蓝色沉淀生成。这样的现象与预测现象不一致,与学生已掌握的知识产生了矛盾,更能激发学生的好奇心,从而引出钠与盐溶液反应的实质。

在"铝"这节内容的教学中,铝是生活中常见的金属,而在插入的"铝与氢氧化钠溶液的反应"实验视频中看到的现象是:铝片逐渐溶解,铝片表面有无色气泡产生。这个现象有悖于学生已经掌握了的金属通性,与学生已掌握的知识产生了矛盾,从而激发学生的好奇心,引出学习内容。

2. 实验视频导入法

化学是以实验为基础,研究物质组成、结构、性质的一门自然科学。化学实验在化学学习中占有很大比重,化学实验不能用动画代替,真实的实验视频能够直观地反映出实验现象,加深学生对于化学反应的印象。

在"钠与水的反应"中,教师插入实验视频,学生可以通过反复观看实验视频,记录实验现象,分析实验结论,引出钠与水反应的规律。

在"钠与氧气的反应"中,插入实验视频,对比钠分别在常温和加热条件下与氧气反应的现象和产物颜色,引出钠与氧气的反应。

在"铜与硝酸的反应"中,插入实验视频,对比铜分别与浓硝酸、稀硝酸的反应,引出硝酸在不同浓度发生氧化还原反应时,反应产物与反应速率和硝酸浓度的关系。

3. 设问导入法

在平时的课堂教学中,新课的导入会经常用到设问法,通过设问能够引发学生的思考,指引学生的逻辑方向,集中学生的注意力,从而把学生带入既定的教学情境中。微课也可以采取这种惯用的方式。

在"元素周期表的应用"的教学中,以"1871年,门捷列夫预测'类铝'的性质,4年之后,科学家才发现这种元素,并通过实验证实了门捷列夫的预测"为主线,以设问"门捷列夫是如何作出如此准确的预测?"引出学习主题。

在"胶体"的教学中,以"阳光穿过茂密的林木枝叶,明亮车灯在大雾中的光路"为背景,以设问"为什么会产生这些美丽的景象?"引出学习主题。

在"氮的循环"的教学中,以"雷雨发庄家"视频为主线,以设问"在雷雨过程中发生了哪些化学反应?"引出学习主题。

4. 讲授导入法

如果对于学生是新知识、新概念的课程,学生没有相关的知识储备,那么微课的导入可以采用讲授法,这样的方式有利于学生快速理解、掌握学习内容。

"物质的量"这节内容是从全新的角度认识微观粒子与宏观物质之间的关系,可以通过概念的解读、分析以及实例的应用,帮助学生快速建立认知。

"有机化合物的命名"这节内容对学生来说也是一个陌生的知识,需要对照一个或几个有机化合物,逐字逐句地解读命名规则、注意事项,并举例分析易错结构。

5. 回顾导入法

对于知识点相互关联的课程知识,可以采取回顾导入法,通过对以往知识点的回顾、扩展、提问、再思考,建立新旧知识点的联系。

在"氧化还原反应"的教学中,以初中阶段学习的氧化反应和还原反应入手,举出实例,从氧原子的得失同时发生在同一反应引出氧化还原反应既对立又统一的特性。从反应过程中,反应物之间对于氧原子的得失,过渡到反应物中某种元素或某些元素化合价的变化,再分析元素化合价变化的原因及规律,引出氧化还原反应的实质原因:反应过程中存在电子的得失或偏移。

6. 生活实例导入法

微课创作可以从生活实例入手,比如新闻、典故、历史等,引出微课学习的主题。既提高了学生的学习兴趣,又帮助学生理论联系生活。

在"硝酸及其性质"的教学中,以"福州硝酸泄漏,一小时成功救险"这则新闻,利用新闻中提到的"黄褐色的浓烟""咽喉刺痛""水雾来压住并稀释烟气""水泥地面都被腐蚀"等词语引出硝酸及其性质的学习。

在"乙醇"的教学中,以杜康酿酒,杜康儿子由于错误的操作导致产品变质,而最终酿出了醋的故事,引出乙醇还原性的学习。

在"元素周期表的应用"的教学中,以门捷列夫能够预测出一百多年后才发现的元素镓的化学性质这一典故,引出对元素周期表的学习。

在"溶解与乳化"的教学中,教师在讲解相关知识时,可以在课堂中将洗衣液的广告作为课堂导入视频,并在这个过程中设置相关的问题,使学生真正理解溶解与乳化的实验原理。

7. 情境导入法

为了更好地发挥导入的作用,我们可以巧妙地利用多媒体来创设教学情境,构建学习环境,引起学生注意,激发学生学习兴趣,引导学生学习方向,让学生根据视频中的讲解和自己的预习,了解这节课所需掌握的基本知识。在这个过程中,学生主要通过观看微课视频验证自己的预习成果,教师不必给予过多指导,从而培养学生的自主学习能力。通过观看视频,学生能够快速集中注意力,进入高效的学习状态。

在"溶洞的形成"的教学中,教师可以利用图片、视频将学生带入美轮美奂的溶洞世界,从而引发学生思考溶洞的形成过程。

在"化学反应速率"的教学中,教师可以通过图片视频对比金属锈蚀和烟花燃烧,引出描述、衡量化学反应快慢的物理量——化学反应速率。

在"甲烷"的教学中,教师可以采用吐槽式的讲解方式进行导入:甲烷这种化学物品,脾气十分暴躁,一点就爆,丝毫缓冲的机会都不给人留。这样的介绍不仅能让学生觉得教师生动幽默,还能使学生非常容易地抓住甲烷的性质特点。

以微课为基础引入生活场景的化学实验情境,能更好地引发学生共鸣,使他们真正感受到来自化学实验的魅力,进而促使学生在之后的化学实验学习中主动和日常生活联系,让学生在微课中汲取对优化自身化学核心素养有益的内容,保证每个学生都能较好地提高实验效率。

8. 对比导入法

对于一些知识点比较接近、概念比较相似、学生在学习过程中不易区分的教学内容,可以采用对比方法导入。

在"电解质"的教学中,可以对比氯化钠溶液和乙醇溶液的导电能力,引出电解质的概念;以对比 $0.1\ mol \cdot L^{-1}$ 稀盐酸和 $0.1\ mol \cdot L^{-1}$ 醋酸溶液的导电能力,引出强电解质和弱电解质的概念;以氢氧化钡溶液在滴加稀硫酸前后的反应现象和溶液的导电能力变化,引出离子反应。

9. 预测性质导入法

在学生掌握一定知识和能力的前提下,教师可以引导他们对一些物质的化学性质进行预测,既能展示出科学探究的过程,又能体现化学学科的特点。

在"铝"的教学中,学生经过一段时间的学习,已经掌握了金属及其化合物的通性和氧化性、还原性的比较及应用,通过金属通性预测金属铝的化学性质,通过铝的活泼性,预测金属铝的还原性强弱,引出铝及其化合物的性质。

微课作为一种全新的教学模式,突破了以往教学在时间和空间上的限制,正在影响和改变传统教学模式。在既尊重学生差异,又减少学生差异带来的消极影响的同时完成了既定的教学任务;既适合课前预习,又可承担课后复习的双重任务。因此微课在以后的教学中必将大放异彩。

在微课教学的课堂导入后,教师要注意把握好知识的表现性,进行知识的深入讲解。在这个过程中,教师需要透彻了解知识内容,明确教学内容中的重点和难点,将知识的应用要点和细节清晰地展示在学生面前。在微课视频中,教师还要提出一些问题,引导学生思考,优化课堂教学,促使学生掌握所学知识。

4.6 微课教学应用于化学的注意事项

化学学科是研究物质组成、结构、性质的一门自然科学,化学知识是趣味性比较强的学科,并与人们的生活息息相关。

在高中理科学科中,化学处在一个尴尬的位置,总分介于物理与生物之间,难度也介于物理与生物之间,论受重视程度不如物理,论学科得分率不如生物,论知识点数目首屈一指,还有众多的信息和注意事项,导致在学生做理科综合试卷时,绝大多数的学生都将化学题目放到最后再写。

在应试教育的背景下,在化学知识的学习过程中,学生最畏惧的难点就是化学方程式众多,物质性质繁杂,实验题型比重大。为了解决这些问题,大部分化学教师仍旧停留在化学知识的教学上,要求学生投入大量时间熟记,通过反复练习增加熟练度,忽视了学生化学学习能力的培养,导致学生化学知识掌握不够扎实,不利于学生综合能力的发展。而在大力倡导素质教育的今天,高考化学试卷大多是信息题,提供的信息内容前沿尖端,老师、学生平常很难接触到,学生看到这种题目往往会无从下手,想要在考试中得分就需要学生充分理解掌握化学知识,仅仅依靠死记硬背,已不能满足现代教育的需要。

化学基础知识和化学实验操作是非常重要的两种化学学科能力,在新课程改革的背景下,教师可以结合学生的个性特点,适当地采用微课教学方式,让学生进行自主学习,帮助他们完成化学知识的教学,并更好地掌握化学知识。

在化学实验教学方面,由于教学时间宝贵,学生分组实验次数有限,微课教学可以有效地提高化学实验教学的效果,学生通过课前微课教学了解实验步骤,明确实验现象。视频预习相比于传统的图文预习,能够给予学生更深的印象,在学生分组实验时,就可以减少学生的实验错误,减少安全隐患。同时在微课教学时,师生之间可以互相沟通,帮助学生对实验有完整的认识,形成自己的看法。

在化学知识教授方面,化学学科知识广博,在高考考纲的范围中涉及300多个知识点,这就导致学生化学学科的预习难度大。微课资源能够帮助学生完成自主学习,并培养良好的习惯。微课资源让学生的学习不再局限于课本,它可以通过视频解说降低学生学习的难度,增加化学基础知识的学习乐趣,拓宽化学学科学习的深度和广度。对于化学基础薄弱的学生,可以在课后反复观看学习微课,完成化学知识的理解和吸收。

教师借助微课并紧密结合教学课程与教学内容,针对性地设计教学环节,拆解教学任务,融合教学思路,制作符合教学目标的微课课件,再录制微课视频。在教师教授学生学习的过程中,可以采取微课教学引导学生学习,由于学生对新媒体有着强烈的新鲜感,能激发学生对化学知识的学习兴趣,再结合学生的兴趣爱好,设计问题和教学活动,就能加深学生对知识的记忆,促进学生学习成效的提升。老师在课堂上设置轻松的问题,就能有效地激发学生学习的成就感。

例如,在教授"常见金属活动性顺序"这节内容时,为了帮助学生对比镁、铝、铁、铜在稀盐酸中反应速度的快慢,就可以利用视频编辑将四个实验的反应过程同时展示出来。学生在视频中就能直观地发现化学反应速率的关系,有效满足学生的学习需求,并通过实验视频规范学生实验操作,完成教学目标。

微课教学是一种新兴的课程资源,主要表现在以下几个方面。

1. 科学性是前提

科学性是微课教学的前提。化学是一门自然学科,元素存在形式、物质性质、制备及应用等,都是学生必须学习和掌握的内容。化学教学微课视频的科学性主要有以下三个方面:

首先,微课教学中使用的化学术语必须准确,不模棱两可、含糊不清;

其次,对化学相关概念的解读、原理的分析和方程式的书写,必须做到准确、完整、严谨;

最后,在教学过程中所引用的案例、素料必须真实可靠,微课教学中不能引用未经科学证实的理论或结果。

化学不仅要学习宏观物质变化,还要研究微观世界中的物质关系。对于一些化学反应的微观解释,很难通过语言传递给学生,让学生明白其中的关系,这时就可以通过微课视频的动态画面和语言标识,介绍与解释微观世界的奥秘,从而突出重点,突破难点。

例如,在学习"水分子的组成"时,可以使用 Flash 动画来展示电解水。水分子中氢原子和氧原子之间的化学键断裂,吸收电能,以键能的形式储存起来,然后两个氢原子之间、两个氧原子之间分别形成新的化学键、释放化学能,由于化学键断裂吸收的能量大于化学键形成释放的能量,因此整个反应过程表现为吸收能量的反应过程。这些微观世界的动态展示能让学生更清楚地理解在化学变化中能量的传递过程。

2. 新颖性抓住学生注意力

微课教学视频与传统教学视频有很大的区别。传统的教学视频,还是教师站在讲台上授课的画面,对于学生来说,只是换了一个角度看教师上课,毫无新鲜感,导致学习效果不好。而微课教学视频,可以有教师的身影,也可以只有教师的头像,或者只保留教师的声音,甚至是电脑合成的声音,视频画面只保留教学的内容,而且知识经过拆解,教学内容微小,教学目标明确,教学内容符合学生的接受能力。

将微课资源引入课堂,微课视频的制作要让学生乐于接受,这就需要教师在设计微课时,对教学过程的设计和微课视频画面的处理有独特的想法,画面应能够让学生眼前一亮,要让学生感到不同于课堂教学的感受,能够抓住学生的注意力,同时能够引发学生深度思考。教学材料的选择应与近期发生的热点问题相联系,可以再创新,教师灵活使用素材也能够培养学生的创新素质和创造能力。

相比于传统的课堂教学,微课教学更有以下优势:学习地点的随意性、方法的多样性、反馈的及时性、知识的准确性、交流的广泛性和资源的丰富性。化学教学中的许多重点、难点,有时仅靠教师一节课的讲解,学生很难理解和及时掌握,而化学微课视频更形象、直观,学生可以通过反复学习,达到知识的内化,易于学生掌握。微课教学既可增加知识的活泼度,又有利于知识的生成,从而顺利减少教学障碍,最大限度地帮助学生完成学习目标,突破重难点。

微课视频主要讲究个"微",即微课视频的制作要内容精炼、重点突出,集中讲解某个知识点或某个实验环节,力求"短小精悍"。学生可以利用课余时间学习,大大化解学习难点,提高了学习效率,弥补了课堂学习的不足。

3. 形式性符合学生认识特点

微课设计的特点是把知识点"化整为零",在这一点上与学生可以支配的零碎时间恰好吻合。

每一节微课都围绕一个特定的问题、一个知识点或者一个知识片段进行讲解,有较强的针对性,方便学生查找,也方便归纳整理,这样就可以降低学生学习的难度,实现知识的碎片化处理,符合现在青少年对于知识的接受规律。

化学教学微课视频通过简短的语言文字、生动的视频动画、形象的声音图像等,将书本上的知识可视化,复杂的逻辑简单化,抽象的问题形象化,以动态影音的形式展示给学生,更加形象具体,能够充分调动学生学习的积极性。微课内容突出重点知识,突破难点内容,让学生能够及时把握课程的重难点,激发学生学习化学的兴趣及欲望,在一定程度上充分调动了学生的多种感官,引起学生注意,能够促进学生积极主动学习,让学生能够集中精力参与到学习当中。

视频中的图片、声音、视频等各方面应该结合紧密且贴切,具有一定的艺术性,从而间接培养学生的美感。比如在学习"氧气的用途"时,书本中只给了一些图片,不足以引起学生注意,此时插播潜水员携带氧气罐在海底作业的视频更能让学生意识到氧气的用途。

4. 要符合学生心理特征

在传统的学科知识教学中,很多教师在评价学生学习成果方面存在不足,没有注重教学评价。同时,当前很多学生是独生子女,在家庭中是爸妈的"心肝宝贝",如果教师给予其不恰当的评价,可能会导致学生对学习产生逆反心理,这给学习效果带来极大的不利影响。另外,有的学生认为教师在评价时存在"敷衍"的现象,由此导致学生对学科知识的兴趣逐渐降低。同时,在传统教学中,由于教室里座位的原因,有的学生会感觉没有得到教师的关注,从而学习兴趣降低,而在微课的学习中,以上问题都会得到解决,他们会感到教师是在给他一个人在讲,个体的存在感上升,学生的平等感增强,学习时也会更加认真。

传统教学中教师单一地传授知识,学生容易疲劳和分心,注意力不集中,对学习失去兴趣,学习效率低下。而微课教学模式倡导先学后教的方式,学生通过教师设计的教学视频和学习任务,根据自身情况来安排和控制自己的学习进度,学生从被动接受者转变为知识建构的主动参与者,学习方式发生改变,学习空间得到解放。在线下学习中,学生没有学懂的内容可以放慢节奏观看教学视频,或者重新学习,也可以通过网络与同学、教师交流,这种学习方式提高了学生学习的积极性,学生个性得到充分展示。在课堂教学中,学生由于课前的学习,就会更自信更积极地参与到课堂活动中或师生讨论中,学生的表达、合作能力得到提高,个性得到发展,创新能力得到培养。

经过心理学研究得出,高中正好处于青春期,注意力集中的时间变短,能够集中注意力的时间一般是8～15分钟,特别容易受到外界干扰,同时他们对新鲜事物有着很大的热情和兴趣,尤其是对电子信息技术类的事物尤为喜欢。传统教学显然不能很好地吸引他们的视线了,所以如果继续采用传统教学方法,那么学生的学习效果就不会太好。微课教学的优势在这时候就凸显出来了,微课的时间长度为10分钟左右,就是控制在学生注意力最为集中的这段时间内,这样既符合学生身心发展特征，又能达到微课的最佳使用效果。微课利用其创意性的视频和图片元素来强化视觉刺激，加强视觉引导，激发学生的学习热情，提高学生的学习效果，并且能够吸引学生自主学习，实现课堂转换。

5. 要符合教学目标要求

在应试教育制度影响下，有些教师认为教学的主要任务是充实学生知识储备，拓展学生的知识面，帮助他们在考试中取得较为理想的成绩，因此，在课堂中，学生始终处于被动地位，不利于学生核心素养的培养。

微课的使用改变了传统的教学模式，教师也要及时调整教学观念，通过微课的合理引入全面体现学生的主体地位，帮助学生在微课的引导下有效发挥主观能动性，养成良好的自主探究习惯。

微课的内容选择必须来源于真实的教学情境，根据教学的实际需要，围绕教材中的重难点或易错的知识点展开设计，这些内容可以为学生解疑答惑，满足学生的学习需要，不能是自己的主观臆断或为参加比赛、完成任务等，制作微课的目的是为教学服务。

微课的内容，要围绕教学目标这条线循序渐进，突出重点，突破难点，最终将问题化解。微课在制作时，要"微""精"，即其形式上要短小，内容上要精悍，使用上要适合现代学生的特点。

案例一 在教授"探究影响过氧化氢分解速率的因素"这个实验时，通常很难做到不同的影响因素对化学反应速率的影响的对照实验。现在我们制作微课视频，分别录制不同的实验，通过视频编辑软件，同时将不同的实验展示出来，方便学生观察对比。再引导学生发散思维，设计其他影响因素的实验方案，准备实验仪器和药品，组装实验装置，对比实验现象，记录实验现象，总结实验结论。

案例二 在教授"原电池"这节内容时，化学电源在日常生活中随处可见，那么化学电源是如何将化学能转化为电能的呢？可以让学生通过观看微课视频了解原电池的相关定义，然后进一步认识原电池工作的原理。重点是：认识原电池概念、原理、组成及应用。难点是：原电池的工作原理、电极反应方程式的书写。通过微观剖析两个电极材料的化学性质、两电极处发生的化学反应类型以及电子得失转移方向，引出化学能转化成电能的过程，帮助学生理解原电池的工作原理。

案例三 在教授"氢能源"这节内容时，我们可以借助微课资源插入我国航天器现场点火发射升空的视频，既可以让学生接触到我国先进的科技成果，增强学生的民族自豪感、自信心，培养学生的国家意识和爱国情怀，又可以引入教学情境，让学生深刻地认识到氢气作为二次燃料在燃烧时可以提供大量的能量，而且产物只有水，绿色环保无污染，为学生营造出一个良好的课堂教学情境。

案例四 在教授"人类重要的营养物质"这节内容时，我们可以借助微课展示安徽的特色美食，并适当引导学生思考各种美食中所含的主要营养物质是什么，怎样合理膳食、科学膳食、健康膳食。微课视频的展示可以很自然地把学生带入教学情境中,能够极大地提高学生的学习热情,有助于学生将化学知识与生活实际相联系,学以致用,更加坚定化学这门课是具有广泛用途的一门学科。微课的运用,促进了化学知识呈现方式的变化,提升了化学教学的多样性和生动性。

6. 微课制作的目标

由于微课受时间、内容量的限制,加之微课的教学目标明确,微课的选题更倾向于教材中重点突出或难点突破的内容。微课要求以学生为本,重在解惑、答疑,微课需要的是真问题、真智慧、真策略。在进行教学内容选择时应充分考虑本节微课视频是否具有实用价值,是否具备独立性、完整性和示范性,是否能有效解决教学过程中的重点和难点,是否能完成教师设定的教学目标,是否能有效解决实际教学问题。

通过网络发布的微课,具有暂停、回放等多种功能,有利于学生的自主学习,学生可以利用零碎的时间,根据自己的学习情况,自主选择相应的微课模块化学习,补差补缺或者提前预习,无论是何时何地,对于不理解的知识点都可以反复学习。

比如,在教授九年级化学学科时,气体制取装置的选择、金属活动性的探究、燃烧条件的探究、中和反应的实质、复分解反应发生的条件等,这些探究性内容既是教材中的重点、难点,又是教材知识和学生能力培养的结合点,也是学生的疑点和易错点。教师可以将这些课题制作成微课,利用微课的优势,翻转学习时间,让学生课前学习内容,课堂讨论总结,课后复习巩固,先学而后教。微课教学应用于翻转课堂相当于学生学习了两次,学生课前预习,了解化学的基本知识,并发现在学习过程中自身无法理解的问题;再将这些问题带入课堂,教师分类整理,探讨拓展,攻克难点,拓展深度,提升学生的全面认识。

化学学科是一个实践和理论相结合的自然学科,一直是教学信息化的先行学科,翻转课堂的应用也是来自于国外化学教师对于教学方式的改进。当前微课平台的建立,为化学学科的翻转课堂教育提供了坚实的基础。

7. 总结

相对于传统模式而言,使用微课教学的困难在于备课时间的大量投入,即微课设计、视频制作,都需要大量的时间和精力。但在学生人数越多的情况下,使用微课教学模式就更具优势。它可以解决教师只有一人、学生众多、学生问题不同、教师精力不足的问题,还可以让学生有多种选择的"营养餐",效果可想而知。与此同时,一位教师的力量是不够的,需要众多教师共同协作、资源共享,才能圆满完成这项工作。

学生课前利用微课学习新知识,课中利用微课解决重难点问题,课后利用微课巩固和拓展。无论是课前、课中,还是课后,教师在制作微课视频的同时,也需要做好学习效果的检测工作,设计合理的自主学习任务单,让学生在任务驱动下使用微课视频,保证学生不只是通过微课"看热闹",更能"看门道"。

微课教学一个重要的特点,就是具有良好的互动性。为此,在选择化学知识点时,就不能一味地追求面面俱到,而是要找准其中的重点知识,进行针对性的设计。同时教师还需要注意相关知识点的综合与提炼,对教授的问题、概念进行全面讲解,使一节微课能够引发学生产生更多的联想,进而更好地巩固所学知识。这样一来就能保证在有效的时间内对学生进行知识的传授,有效提高学生的学习效率。使用微课,不仅能使学生很快理解和应用,也能减少教师的教学疲倦感。

总而言之,在当今大力提倡翻转课堂教学的理念下,微课在现代教学中的应用越来越广泛,所以在化学教学过程中,要摆脱教材的局限,进一步强化化学的探究性,就需要化学教师不断研究,更好地把微课应用在学科教学的各个环节,以此更好地促进学生思维能力的发展。

第 5 讲　微课的制作

5.1　微课制作现状

虽然微课在学科知识教学中有着得天独厚的优势,对于培养学生的自主学习能力有着重要的意义,也受到了广大教师的喜爱和推崇,但是现有的微课资源在数量和质量方面仍不足以满足当前教学的需求,这就要求学校要重视学科知识的创新教学以及在微课开发过程中的投入。

首先,学校要集中优质师资力量,挑选教学经验丰富的优秀教师成立专门的微课研究组,加大资源的投入,为微课的设计和制作创造优越的条件,调动教师的积极性。很多教师担心微课制作技术跟不上,所以在制作微课时不能推陈出新,不善于用创新的视角去激发学生的兴趣。同时很多微课制作软件作品在形式上都比较单一,近乎于录屏或是课堂录像,更像是说课,达不到吸引学生深入学习的目的,因此教师在选择微课制作软件时,应尽量选择能够满足不同制作需求的软件。这就需要对教师进行微课制作的集中培训学习,着力于教师微课制作水平的提升,并定期或不定期地在教师之间进行学习心得交流,博采众长,共同进步。

其次,在确定微课内容之前,要考虑三个问题:制作微课给谁看？他们为什么要看微课？他们更喜欢怎么看微课？要想解答这三个问题,就需要在制作微课之前,了解观看微课的学生的基本信息。因此,教师在制作微课视频之前需要充分地备课,紧密结合学生学习兴趣,梳理教学思路,设计微课环节,并组织讨论。这样制作出的微课视频才能逻辑清晰,科学严谨,格式规范,质量也有保证。

然后,教师根据教学经验,将各章节知识进行分解并制作成微课,打造完善的微课教学体系,从无到有逐渐形成一系列课程的微课教学,并对微课的类型和形式进行丰富。知识的展现形式可以灵活多样,保证每一个教学知识点都有与之匹配的类型多样的微课课程,再加入师生互动环节,方便不同学生的学习。

最后,一节微课资源制作完成之后,借助网络可以在学生中快速地传播,通过学生的学习效果的反馈,教师对微课进行调整和优化,进一步提高微课教学的质量,满足绝大多数学生的学习需求。

目前教学中所使用的微课资源主要是通过网络下载和教师个人制作两种方

式,存在着两个严重的问题。

1. 社会机构良莠不齐

微课教学是现代教育技术飞速发展下的产物,是近几年来的新兴事物。虽然目前市面上各种网站也充斥着大量的微课资源,但是网络上的微课资源良莠不齐。这些社会机构汇聚了大量的视频编辑制作人员,制作了许多画面精美的微课视频,但是这些视频制作人员,往往没有课堂教学实践经验,制作出的微课视频教学内容容易脱离学生实际情况,或者例题练习不符合现在考试的方向。这些因素导致制作出的微课视频内容肤浅,在实际应用中存在脱节的现象,无法深入讲解知识内容,也无法引起学生共鸣。

因此教师需要对从互联网上下载的微课进行适当改动,使其符合自身的教授方式和学生的理解能力,之后才能投放到课堂教学中,避免出现教学过程生硬、教学过渡突兀、知识点衔接不当等情况。

2. 一线教师有心无力

微课资源的主要组成部分是视频材料。随着网络信息技术的飞速发展,我们可以从网络上找到各式各样的教学素材以及灵活多样的教学思路,例如图片资源、影像资料、演示实验、课例等,我们可根据微课设计将这些资源合理插入到微课视频中,使微课视频的内容更加充实丰富。

为了使教学得心应手,符合学生的实际接受能力,还是需要教师自己完成微课视频的制作。对于学生来说,学习一节微课资源时间很短,但是对于教师而言,制作一节微课资源,需要投入大量的时间。教师的教学任务相对较重,教师很难根据教学需要及时制作出相对应的微课资源,这就会导致不能在课前及时发布给学生,从而影响微课教学模式的学习效果,当下微课的制作远远比开设直播困难得多。

除此之外,录制过程也并不是一帆风顺的,微课视频中不允许有丝毫错误,需要教师经过反复的演练,最终才能真正得到一节较为满意的视频,才能充分发挥微课教学的优势。

微课制作需要前期精心的设计,也需要计算机技术的支持,这也是一个不容忽视的问题。一线教师虽然有丰富的教学实践经验,但是对于视频编辑软件的操作还是存在很大的困难,而且并非一种软件就能完成微课视频的制作。这些因素常常让许多教师感到微课制作效率低下,这就需要教师利用空闲时间线上网络自修,学习视频编辑制作技术。

比如,中国微课网提供了微课制作软件和软件操作说明,Focusky 和万彩动画大师的官网上同样也提供了大量的软件操作图文说明,帮助计算机操作基础较为薄弱的教师快速掌握。

以化学学科为例,在微观层面的教学中,将微观的、抽象的内容具体化,如原子轨道、电子在核外的运动状态等,通过一般的制作技术是难以实现的,这就需要在专业人员的帮助下使用一些多维技术。对于非电脑专业出身的教师而言,制作微课最擅长的方式就是黑板与PPT的组合,利用手机拍摄或Flash制作。尽管微课制作重在内容而非技术,但是技术的缺乏会使我们展现出来的微课在方式上较为单一,这就会降低学生的新鲜感,无法吸引学生的注意力。

综上所述,教师很难独自完成一节精美微课的制作,大多数一线教学教师由于教育教学工作繁重,时间精力有限,很难有足够多的时间去深入学习视频编辑软件的操作,也就无法完成系列微课资源的制作。

5.2 微课制作软件的选择与使用

如今国内正在大力发展翻转课堂、微课、慕课等在线教育新模式,新模式和新技术的出现推动了教育信息化的发展,越来越多的老师开始制作微课。微课作为碎片化的学习资源,根据需求的不同,有些老师需要学习简便易行的微课制作方法,有些老师则希望制作更加高大上的微课资源,为了能够开发出更多优秀的微课资源,为此笔者对市面上主流和典型的制作技术进行了梳理,罗列出以下多种软件,接下来我们就开始介绍一下常用的微课制作工具及使用方法。

1. 简单的微课制作

(1) 手机拍摄微课

手机拍摄微课只需要能录像的手机、固定手机的支架、白纸、不同颜色的笔就可以了。手机在我们的生活中已经广泛运用,手机的拍摄功能完全可以肩负起录制微课的任务。利用手机拍摄在白纸上的书写过程,可以清晰、有条理地向学生展示解题过程、逻辑思路,并生成易于互联网传播的视频文件。

制作真人出镜的微课视频,使用手机进行拍摄是一种非常方便的方法。我们只需要对着手机进行讲解,在后期视频处理时再添加文字或图片。

优点:工具易得,设备简单,操作方便,适合演算类、操作示范类微课。

缺点:手机拍摄可能会出现抖动和遮挡现象,画面单调不够美观。

案例　在教授"根据化学方程式的简单计算"内容时,利用手机录制,在白纸上边讲边写方程式,把根据化学方程式解题的分析过程、计算原理、计算步骤、注意事项等录制下来,制作成一节实用的微课。

(2) 写字板

写字板是电脑的附属工具。将写字板通过USB数据线与电脑连接在一起,利用电容笔在写字板上书写,就可以在电脑上显示出书写的内容,并利用录屏软件将写字过程连同讲解的语音录制成视频,这也是一种简单的微课录制方法。

优点:操作方便,适合展示理科题目的讲解、演算、推演过程。

缺点:画面不够美观,容量小。

(3) 手机 APP

微课录制,需要同时录制画面展示和声音讲解。在手机应用中有很多具备采集画面和声音功能的 App,比如汗微·微课宝、Explain Everything、UTGreat 等。

汗微·微课宝可以将画面,如图片或 PPT、笔迹、讲解同步录制下来,实时生成微课。

Explain Everything 不仅能够实现录制视频和制作动画的功能,还可以编辑视音频、添加或者修改视音频片段,并且能在直角坐标系插入高级数学方程式和图标。同时,可以生成多种格式,发送给学生学习,形成个性化微课。

UTGreat 是一款集沟通和反馈等通信功能和微课制作功能为一体的微课工具,其也被称为"老师帮帮忙"。UTGreat 可以看作互动白板,可制作旁白式的白板视频,同时可以在白板视频上做标注,可添加语音、图片及文字;还可以发送即时消息,支持文字、图片、白板视频及最多 6 人的多人视频通话,其中多人视频通话包含互动白板。

优点:软件免费,操作方便。

缺点:手机屏幕较小,不利于文字书写。

(4) 录制 PPT 演示文稿

录制 PPT 演示文稿,也是一种非常简单的微课制作方法。因为大多数老师都有自己教学用的 PPT,以 PPT 为基础录制微课,将大大降低录制微课的难度和工作量。

如今 PowerPoint 有点"万金油"的感觉,随着 2010 版本的更新,新功能不断加入,画画、录歌、剪辑视频这样的功能也镶嵌进去,制作微课视频更是不在话下。录制方法也非常简单,只需三步:

第一步:制作教学 PPT 演示文稿。

第二步:录制旁白。点击"幻灯片放映"菜单中的"录制旁白"按钮,即可边播放 PPT 边通过麦克风为 PPT 配音。PowerPoint 软件会将 PPT 中的动作连同声音同步保存下来。

第三步:录制完成后,点击"保存"菜单中的"另存为",并将保存格式指定为"mp4 视频"或"Windows Media 视频",即可生成微课视频。

将动画操作和排练计时这两个功能结合起来,可以直接导出视频,再添加背景音乐是解说语音,就可以做出精美的微课视频作品。PowerPoint 是目前最流行的微课制作工具,简单上手,制作空间大,目前市面上 80% 以上的微课资源均为 PPT 转换而来。使用 PPT 制作微课,需要注意以下几个问题:

课件排版:语音讲解课件是这类微课的主要方式,所以重点呈现的就是课件,这里需要课件精致美观,方便讲解使用。而 PPT 美化大师就可以迅速提升 PPT 的美观度,这是一款 PowerPoint 软件美化插件,包含丰富的 PPT 模板,具备一键美化的特色,是制作 PPT 演示文稿的必备工具。

动画设置:微课视频之所以容易吸引学生,就是因为微课视频中有大量的动画元素。因为学生注意力集中的时间其实很短,所以就需要有动态的内容吸引学生的注意力。

多媒体混排:微课中会使用很多多媒体元素,比如讲解录音、背景音乐、文字、图片、视频等,让这些元素按照教学的思路,合理的布局、恰当的播放是微课制作的一大难点。

排练计时:这个功能是让一份 PPT 完成微课化的核心功能,能真正实现实时匹配,需要反复演示修改。

作为微课来说,只录屏显然是不够的。我们经常需要对视频进行简单的加工,至少需要对错误的部分进行剪切和美化,这就需要视频编辑软件的支持。

常用的视频编辑软件有:

格式工厂:格式工厂支持几乎所有类型的视频、音频、图片,我们可以利用格式工厂进行视频的剪切和合并、画面位置的调整、格式的转化、添加字幕或背景音乐等。多媒体文件减肥可以给文件"瘦身",既节省硬盘空间,也方便保存、备份和网络发布。

爱剪辑:爱剪辑是一款功能相当强大、易操作、较稳定的电脑软件。网络上流传的很多视频都是采用这款软件进行编辑的,我们只需掌握"添加视频→视频剪切→导出视频"的三部曲即可。

优点:PPT 资源丰富,软件成熟,可以插入各种文件,适合讲解解说类、动画类的动态微课。

缺点:只能录制 PPT 演示文稿。

(5) 电脑录屏软件

纯 PPT 录制法非常方便,但是也有缺陷,如只能录制 PPT 演示文稿、保存速度比较慢等,而且有时我们要录制的对象并不是 PPT,也许是电脑中的某款软件,如几何画板、网络上的视频动画,这就需要电脑录屏软件来帮忙。

由于信息技术的发展,现在电脑录屏软件种类多、功能全,而且都继承了免费、易操作的属性,比如优酷录屏大师、屏幕录像专家、BB FlashBack、喀秋莎 Camtasia 等。

这类电脑录屏软件在使用时操作大致类似,首先选择录制区域,可以是全屏幕、窗口或区块影像;然后开始录制;最后停止录制。三个步骤,就是这么简单。使用者完全不需要特别的操作技术,就能轻松容易地录制电脑屏幕内容。除了录制电脑屏幕内容指定的区域外,电脑音视频播放的声音、麦克风中的声音,都可以有选择地自动被录制到视频中,最后导出为主流的视频文件。

喀秋莎 Camtasia 是电脑录屏软件的鼻祖,它是一款专业的屏幕录像和编辑软件套装,功能相当强大,掌握起来也不算困难。喀秋莎录屏的功能,与优酷录屏基本类似。而在视频后期编辑方面,喀秋莎的功能要比爱剪辑更加强大、更加适合于教学场景。比如,喀秋莎支持对画面进行"变焦"操作,可以对画面的局部进行放大,以起到减少干扰、强调重点的作用。除此之外,喀秋莎还支持同时在视频中增加文字或各种图形,支持同时录制摄像头和电脑屏幕,支持音量调节、噪声消除、添加字幕和水印、制作视频封面和菜单、视频压缩和播放等多种实用功能。另外,还支持专业级的绿幕抠像功能,可以通过后期编辑将人物放置在任何场景之中。

更有价值的是,将喀秋莎摄像头+电脑屏幕同时录制与绿幕抠像这两个功能结合起来,普通人就能制作出人像+PPT的专业级效果。这样就可以批量化地快速制作PPT+人像讲解系列微课视频,大幅提高微课的制作效率。

鉴于喀秋莎出色的视频后期编辑能力以及相对较低的门槛,喀秋莎成为很多微课爱好者提升微课制作水平的首选。

优点:任何在电脑上设计的画面都可以录制。

缺点:PPT演示文稿需要设计精美。

(6) 简单微课制作经历

微课的制作方法多种多样,这里我分享一下我自己制作微课的方法。早期我主要采用录屏软件结合PPT和一些课堂教学、实验视频的方式方法制作微课。

第一步,设计教学和微课思路。

学生的课前学习是通过观看教师制作的教学视频来完成的,因此教师要在课前录制好教学视频,而教学视频的录制离不开课件。所以课前教师要根据教学设计制作课件。课件的操作要尽量简便、灵活、可靠,便于教师控制,课件还要具有一定的美感,展示的画面能够吸引学生的注意力。画面的布局要突出重点,不宜插入花哨的图片,这样会分散学生的注意力。同一画面内容不宜多,要避免或尽量减少与讲授内容无关的干扰信息。要充分考虑所用字体、字号、画面字数、行数、间距等。好的课件要使人赏心悦目,使人获得美的享受。

制作课件要花费大量的精力,很多教师直接在网站上下一个课件来录制教学视频。使用别人制作的课件,有时不能准确地表达出自己的设计意图,不同的人有不同的教学思路和教学风格,融入课件中的思想、思路、表现方式、体系结构和技巧运用,别人无法准确把握,同时教学对象也存在着一定的差异,使用别人课件的弊端就会暴露出来。因此,课件还是要根据目标设计,符合所教授学生的实际情况。

我在制作微课视频时,将常规课堂教学所使用的幻灯片拆成两个幻灯片,一个有知识点讲述和例题讲解,用于制作微课教学的视频材料,另一个有习题练习和归纳总结,用于课堂教学。

在PPT上编辑所要讲解的内容时,要求制作精细度很高,除了幻灯片本身,还插入了图片、动图、音频、视频等,旨在激发学生学习兴趣,将知识简单化,让学生能真正理解学习、趣味学习。按照需要,不同时间出现的内容可以设置动画,PPT中文字大小和颜色搭配要合理,内容详略要得当,主题要突出。

第二步,开始录制。

设计好教学 PPT 后,利用超级录屏 9.2 或者 Camtasia studio 录制微课,超级录屏 9.2 和 Camtasia studio 是两款简单易上手的屏幕录像和编辑软件,它们可以记录屏幕的各种动作和声音,还可以进行视频的剪辑,十分方便。教师在讲解时要用语准确、思路清晰。在录制微课时,教师要对环境和自身状态进行调整。如果教师在录制声音时,背景过于嘈杂,或者教师在讲解时声音过大,就容易使最终的微课在声音表现上存在着很多瑕疵,要么听不清楚,要么产生很重的破音,这就使得学生在观看这些微课内容时,容易有跳出情境的问题,注意力分散,难以深入地学习其中的内容。所以,教师在进行微课设计时,声音调控颇为重要。讲解时,如果讲错了也没关系,可以停顿 3 秒以后在刚才讲错的地方重讲一遍,在后期剪辑过程中将错误剪掉,最终编辑成一个完整的微课视频。

第一次在录制视频时,我感觉到微课教学与传统教学存在着很大的差别,传统教学中课堂的欢快气氛、师生的互动气氛、临时生成的问题,这些在视频制作时都没有,面对幻灯片机械地讲述相关知识,使我莫名地紧张,以至于仅几张幻灯片的教学内容,我反复地讲了 60 多遍,才基本完成这个近 10 分钟的教学视频。

后来,经过教育主管部门和学校的培训,我开始使用科大讯飞等相关语音合成软件。科大讯飞语音合成软件可以通过文字合成语音,这样就可以在语言方面杜绝各种错误,降低微课视频制作难度。同时也有一定的局限,软件合成的声音较为生硬,缺少抑扬顿挫,缺少对学生的感染力,不利于将学生带入教学情境。

微课要实现的是一对一教学,主要用于学生课后辅导,是为学生解决某个知识点,是课堂学习的再现手段,并非用于课堂的教学。要想让学生在 10 分钟内听得懂、学得会,我们必须将知识的来龙去脉清晰地呈现出来,语言的准确与否就显得格外重要,这是能否将教学重难点表述清楚,激发学生探究兴趣的关键。而语言的精炼来源于思维的提炼,所以录制微课前,一份提纲甚至一份详细的讲稿就是必需的了,最好是把要讲授的内容按一条主线展开,围绕着这一条主线突出重点,语言精炼而简明,用最短的时间把问题说清。在这一过程中,教师所收获的是任何培训都不能给予的智慧和实践经历。

结合我自身制作微课的经历,总结出以下几点录制微课视频的注意事项:

① 形式要变化多样,可以用游戏和探索问题等方式吸引学生的注意力。

② 教学视频的难易度要适中,不可太难,也不可太简单,要做到易于学生理解。

③ 录制视频的过程一定要考虑到学生的学习节奏、学习时间和学习能力,明确标出学习的目标和顺序,引导学生自主学习。

④ 在微课视频中设置问题,在学习微课视频后一定要有促进学生思考或复习知识的问题,而不是学生看完视频教学环节就结束了。

⑤ 视频教学是一对一地进行，所以要注意教学用语。比如，视频中用"我们"而不是"学生"；用"你"而不是"你们"；等等。

⑥ 视频结束要对所学内容进行简单的总结。

第三步，后期处理。

教师要对微课视频所制作的内容进行规划，同时还需要提前学会相关的微课制作技术。可以使用视频处理软件系统，对相关微课原始素材进行二次加工，包括消除杂音、删减意外、变换格式等。通过优化的微课作品，也能够更好地对学生产生吸引力，从而激发他们学习学科知识的兴趣。

一节优秀的微课，其辅助资源也是必不可少的重要组成部分，如学习任务单和进阶练习。学习任务单和进阶练习的功能可以概括为三个方面：提示功能（学生）、反馈功能（师生）、监督功能（教师和家长）。在设计时应注意紧扣目标，以正面提示、理解为主，习题建议以客观题形式呈现，方便系统统计。

2. 精美的微课制作

(1) H5 微课制作

微课的学习脱离了师生之间的互动，使学生的学习成为独立的环节，而 H5 微课具有很好的互动性。学生可以在学习过程中进行提问反馈，学习后可以通过表单提交学习总结及测试。学生的学习行为记录可以在系统后台进行多种统计分析，并能及时反馈给教师。教师可以通过后台搜集到相关的数据，进行统计分析，有效地实施教学评价，为更好地进行教学诊断和教学评价提供数据支持。

H5 开发的微课可以跨平台使用，可以实现任意终端无需特殊插件下使用。开发工具可以在微软 Windows、苹果 iOS、Android 等系统离线使用，也可以在线制作。H5 微课更易于传播，可以通过二维码、链接等在 QQ、微信、朋友圈、微博中传播共享。

因此 H5 型微课更加适合于移动互联网时代的教育教学需求，让知识的传播更加有效。相对传统课件，微课具有更加丰富的多媒体融合特性，支持跨平台学习，传播共享方便快捷，可以实现任意终端访问。广泛的交互性有助于更好地激发学生学习积极性，促进学生学习能力和非智力因素的全面发展。H5 微课最大的魅力在于交互，实现师生之间的互动。

中学阶段 H5 微课的制作可以不需要借助编程软件，使用者只需掌握基本的 Office 软件类应用技能，即可快速创作 H5 微课内容。例如常见的 H5 开发平台有 iH5 互动大师、炫课、易企秀、PP 匠等。平台在 PC 端、手机端和网络端都可以使用，并且有各种丰富的模板，可以快速制作出精美的微课。各类平台让 H5 制作技术傻瓜化，普通人可以像做 PPT 一样来做 H5 作品，更可以套用模板通过替换内容快速制作 H5 作品，技术的平民化使得 H5 很快流行开来。

优点：互动性好，传播方便，画面精美。

缺点：动画设置多。

（2）Focusky

画布动画是现在比较流行的一种方式，可以制作 PPT 演示、动画宣传片。市面上制作画布动画的软件很多，如 Prezi、斧子演示、Focusky 等，其中 Focusky 是比较推荐的，它操作简单，制作相对全面并且有丰富的动画库，非常适合制作微课。

Focusky 采用整体到局部的演示方式，以路线的呈现方式，模仿视频的转场特效，每一个镜头内部的信息组织方式和 PPT 中每一页内部的信息组织方式基本相同，都是由文字、图片、形状等组成，并且可以为每一个对象设置动画效果。最酷炫的是 3D 镜头缩放、旋转和平移特效等切换方式，可以将一节微课设计成一部 3D 动画电影，给学生带来很强的视觉冲击力，对于增强微课的动感有一定价值。

Focusky 动画演示大师能满足用户输出多种格式的动画演示文件的需求，包括网页、视频、应用程序以及压缩文件。配音、录音功能非常好用，还可以添加角色与特殊符号，让课件看起来更加生动形象，充分利用 Focusky 的动画效果，可以给人动态的、空间的美。

优点：精致的 3D 画面，模板丰富，动画多样。

缺点：适合制作课件，在制作微课时需要编辑每一个动画。

（3）MG 动画——万彩动画大师

前面所介绍的技术，诸如 PPT、Focusky 是通用的内容制作工具，需要配合教师的讲解，单独作为微课的内容则显得吸引力不够；场景动画和手绘动画则是"专项"内容制作工具，特色虽然突出，但是应用场景的局限性也较大。

如果考虑制作相对复杂的动画微课，比较专业的工具是 Flash 和 AE,这些学习成本比较高，适合专业的定制公司。那么，有没有什么技术能够使得内容具备"非同寻常"的吸引力和表现力呢？

有，这就是"MG 动画——万彩动画大师"！MG 是 Motion Graphic（动画图形）的缩写。作为我国微课教学的发源地，广东省在微课教育教学的理论研究上位于全国前列，在相关软件的开发上也是行业领头羊，在这里诞生了这款非常实用的软件。

万彩动画大师能实现怎样的效果呢？万彩动画大师的操作相当于 PPT＋喀秋莎＋Focusky 的集合体，它提供了丰富的功能、强大的模板库，同时也使得熟悉以上三款软件的人比较容易掌握。

之所以说万彩动画大师像 PPT，是因为它是"一页一页"制作的，在万彩动画大师中把 PPT 中的"一页"称为一个"场景"。和 PPT 类似，在万彩动画大师的页面中，亦可以添加文字、图片等各种素材，并且可以设置各种动画效果等，若干个"页面"组合在一起，就构成了一个完整的动画视频。与 PPT 相比得到增强的是，万彩动画大师中的动画种类更多、效果更加酷炫，视觉吸引力很强。

之所以说万彩动画大师像喀秋莎，是因为它也提供了"时间轴"功能。PPT 虽然也提供动画功能,但当动画条目太多时,就很难设定这些动画的出现顺序和时长。用过视频编辑软件的人都知道,"时间轴"对于素材的组合、时序的安排至关重要。万彩动画大师的时间轴和喀秋莎类似,时间轴中包含了多个轨道,每个轨道就是一个对象,可以是一个视频、一段音频、一张图片、一段文字等。万彩动画大师编辑视频的时间轴明朗准确,音频视频起始时间、结束时间一目了然,在时间轴中可以设定每个对象的播放顺序、动画效果、时长等,并可随时预览效果。时间轴功能的引入,是制作复杂而精确的动画效果的重要保障。

之所以说万彩动画大师像Focusky,是因为它也提供了镜头旋转缩放的功能。它可以在一个页面之内,通过设定"镜头"的大小,只显示出某个局部的内容。"镜头"功能可以在一页之内,通过镜头运动的方式,制造出类似于摄像机拍摄时"推拉摇移"的动感效果,不仅突出了局部的重点内容,而且制造了强烈的动感。

对于第一次接触到这款软件的人来说,你会瞬间被这款软件的气质所吸引,对于曾经使用PPT做课件,然后录屏制作微课视频的人来说,这款软件简直就是梦寐以求的佳品。虽然这款软件涵盖的功能较多,但是操作起来并不困难,因为在官网上展示了大量的图文教程和视频教程,就算电脑技术平平,也能快速上手使用。万彩动画大师集合了之前制作微课视频所需要的课件制作、音频视频效果处理和剪切、合成输出,一个软件解决了所有问题。免费模板样式多,有2D的模板,也有3D的模板,也有优秀作品供大家欣赏参考。

(4) 万彩动画大师制作微课的经历

首先,"凡事预则立,不预则废"。在制作微课视频前,都要作出详细的设计,包括设计微课视频的教学方案、学科的引入、信息的展示、知识的叙述等,也可以从网络上下载需要的图片和音视频。

然后,在万彩动画大师中新建空白项目,也可以从模板中选取一个,就可以根据教学方案输入文字,插入图片、音视频等元素;每一个元素的动画都是独立的,可以根据需要调整大小,放在合适的位置,并进行外观的修饰、美化;可以根据需要设置进入动画—过程强调动画—离开动画;也可以在时间轴上任意拖动,调整元素动画的时间点以及时长;一页画面的知识点讲述完了,可以切换一个视角,也可以切换一个场景,切换过程中的动画流畅自然。

在微课视频制作过程中,讲解知识点的音视频最为重要,我们可以用手机或者相机进行录制然后导入,再进行修饰美化。对于一些普通话不标准的人来说,万彩动画大师还有一招,可以利用科大讯飞提供的技术支持,将文字准确地转化为标准的语音,而且可以调整男女发声,也可以调整为方言,还可以调整语速,适合不同层次的需要。

我个人感觉用万彩动画大师制作微课视频就像在做动画片,你需要设计什么时间展示哪些元素,什么时间有哪些动作,什么时间退出哪些元素,什么时间切换哪些画面。制作微课视频需要的功能在这款软件中都能找到,如果说PPT是软件世界的国王,那么万彩动画大师一定是国王的王冠。

最后,生成微课视频,输出的视频格式有 mp4、mov、wmv、avi、flv、mkv,满足视频网络传输和播放的需要。帧频建议设置为 30 fps,帧频过小在观看时会感觉视频卡顿,帧频过大视频所占空间较大,不利于网络传输。渲染模式建议设置为兼容,虽然在兼容模式下,视频的合成比较耗时,但是视频的稳定程度好,视频所占空间较小。

微课作为一种新兴的教学辅助工具已经初见成效。对于教师来说,除了有优质的内容外,选择正确的微课制作软件制作精良的微课同样重要,学会让内容更上一层楼,才能树立起教师的个人品牌。

如今知识付费盛行,微课资源是知识信息化的产物。只要内容原创,有自己的特色,微课会有很好的发展前景。微课作为最方便的一种表现形式,中和了地域与认知之间的差异,给学生一个再学习的机会,受到了广大教师的喜爱。

第6讲 微课教学过程中不容忽视的几个问题

基于微课的翻转课堂教学模式符合新课程改革的教学理念,也符合教学对素质教育的要求,是教学改革的趋势。与此同时,由于其自身有一定的局限性,基于微课的翻转课堂在具体开展的过程中还是会存在一些阻力,主要表现在以下三个方面。

6.1 来自学生的问题

1. 增加了学生的课余负担

学习时间的分配也是一个难题,由于学校对于学生时间的严格把控,使学生的空闲时间很少,很难有大量空余时间用于微课学习。这种现象在高中学校较为明显,学生学习科目较多,学习较为紧张。如果每门学科都安排课前微课视频预习,以一节微课视频时长10分钟、一节微课视频学习3次、一天6节课程安排来算,学生一天至少需要3个小时来完成课前微课教学资源的学习。这样大量时间的微课学习,会给学生带来很大的负担。按目前的教学模式,学生白天进行课堂学习,晚上要完成配套作业,很难抽出3个小时学习微课,而3个小时的微课视频学习,也会大大降低学生学习的兴趣和效率。如果将微课教学作为复习巩固、补差补缺的课后辅导工具,效果会更好。

2. 学生具备自学能力

微课教学作为一种网络环境下诞生的学习方式,已经成为学生获取知识的一条有效途径,需要学生具备电脑、手机等电子产品的操作能力,能够熟练进行网页浏览、关键词搜索,会应用论坛、微博、QQ群、微信公众号等资源和平台进行网上微课学习、交流讨论与合作探究。

微课资源可以放在网络上用于循环重复的学习,加深学生对微课内容的掌握,本质上是一种改革,改变了学生在教学过程中的地位,同时这种改变也很考验学生的自觉性和自主学习能力。部分学生在课外做不到通过计算机或手机等设备进行微课视频的自主学习,导致微课学习不充分,对基础知识理解不透彻,从而在课堂教学中跟不上学习节奏,这并非是微课的教育方式、教学质量导致的。

在微课教学中,教师和家长要及时关注学生的学习情况,更要关注部分懒惰的学生。教师和家长可以通过信息技术监控学生的微课学习进度,学习小组间也可以相互监督,最终完成学习目标。

虽然学生学习时长可以通过信息技术后台监控,但是学生的学习效果不容易得到及时检测,这就需要教师和家长协同监督,让学生完成每天的学习任务,并让学生将自己的学习情况及时反馈给教师,或由各个小组长检查,从而发挥微课应有的教学效果。在家长做好监督和控制的同时,家长也要提醒学生,微课学习时间不能太久,避免影响视力。

课堂教学阶段,教师可以通过一些提问和测试了解学生的理解程度,从而督促自觉性不高的学生进行微课学习,使得学生能够高效地完成课程的预习、学习或复习任务,更好地掌握教学中的各个知识点。

学生只有具有良好的学习习惯,合理地、自觉地使用电脑或手机进行跟学习有关的活动,支配好时间,才能真正成为学习的主人。

6.2　来自微课本身的问题

1. 在微课教学中渗透学科核心素养

中国共产党第十九次全国代表大会,从国家层面对教育提出了立德树人的思想。新课程标准(2017版)提出"全面发展学生学科核心素养"的课程目标体系。学科核心素养是指学生通过学科的学习逐步形成的正确价值观念、必备品格和关键能力。微课的设计在于精简,如何在微课中渗透学科核心素养,也是教师需要注意的环节。

以新课程作为基础进行微课教学的策略,主要体现在以下两点:

第一,要在设计中,将帮助学生进行自主学习作为指导性策略。教师应当对学科教学的实际情况进行了解,通过微课的形式让学生能够自主地学习,便于学生在自主学习的过程当中更好地把握知识点。

第二,基于微课内容设计的策略。对于微课内容的设计应当着重于学习任务和学习指导这两个方面。

2. 微课教学不能代替课堂教学

微课教学和课堂教学是翻转课堂实施的两个重要环节。微课作为一种新兴的教学模式,具有巨大的潜力和众多的优势。但是微课也仅仅是一种辅助教学手段,虽然可以达到强化教学效果的目的,却不能代替课堂教学,课堂教学仍然是教学的主阵地、主战场。教师要明确无论微课视频讲解得多清楚,课堂上还是要反馈讲解。

课堂教学过程中,师生互动、学生掌握情况的反馈、教师对学生的评价等在微课中不能得到实现;传统的"亲其师,信其道"在微课中也得不到体现;教师亲切的话语、甜美的微笑、鼓励的眼神、关爱的动作等体现出温馨、平等、民主的氛围,会让学生终身受益。这些都说明微课无法等同于课堂教学,微课只是现代信息技术条件下课堂教学的有益补充。

例如,化学学科是一门以实验为基础的学科,化学教学需要伴随着化学实验的演示。为了提高学生的实验技能,有些实验还是需要学生动手操作,让学生亲自体验实验带来的乐趣,锻炼学生的动手操作能力,加深学生对理论知识的理解程度。对一些操作比较简单、实验现象明显并且没有危险性的实验也一味地使用微课,就会降低学生学习化学的积极性,淡化了核心素养的培养。

3. 微课的选题

微课的选题很重要,教学实践证明,并不是所有教学内容都适合制作成微课资源,因此教师在课前要根据教学内容的特点、教学目标、重点、难点以及学生的实际情况进行科学的规划。

选题时需要进行两方面的分析:需求分析——这个选题需要做成微课吗?可行性分析——这个选题适合用微课形式来表现吗?并不是所有课程内容都适合通过微课的形式进行教学。

同时还要考虑学科的特殊性,比如数学学科知识连贯性较强,不能只把某一个知识点翻转于课堂之外,颠倒原来的教学顺序,而不考虑整体设计的连贯性、系统性和学生的认知规律。这样的翻转教学不仅不会提高学生的学习效率,而且会打乱学生的学习进程,让学生不知所措。

在实际的微课教学过程中,虽然有的教师认识到微课教学在弥补传统教学中的重要性,也根据相关的要求引入微课教学,但是在进行素材选择时,部分教师会照搬照抄网络上的优秀微课案例,并没有充分考虑学生的学习需求,也没有结合教材内容进行整合,这将会使微课教学缺乏针对性和适应性,往往很难达到全面提升学生水平和素养的目的。相反,过度地引入多样化素材,会使微课视频内容出现混乱,让学生无法快速地掌握教学重点和难点。

4. 微课教学系统的建立

一节成功的微课教学可以帮助学生解决学习中的难题。但是单一的微课解决的只是一个知识点,很难发挥出最大的功效。基于此,需要将学科知识点尽可能地制作成微课,构建微课资源库。资源库的建立是一项艰巨庞大的任务,这不是一个教师所能完成的,甚至不是一所学校所能完成的。同时由于微课教学刚刚兴起,学校和教师的重视程度不够,再加上缺乏教育主管部门和学校对教师的培训,使得教师微课制作质量和速度不尽人意。有的学校会以比赛的形式开展此类活动,安排教师进行微课的制作,而教师由于教学任务繁重等原因,没有对微课进行精心准备,不能制作出高水平、高质量的微课,无法达到预期的目标。

一个高质量的微课,从设计到制作需要花费大量的时间,需要集合多所学校优秀教师的智慧,才能使微课展示的知识结构合理、逻辑条理清晰,保证微课视频播放流畅,动画自然恰当。

这就需要联合多所学校,成立微课课题研究组,重点研究微课的制作和现有各类微课资源的整合,筛选、制作出一部分可以直接在课堂中使用的精品微课,制作出一部分适合学生自学的优秀微课,做到因材施教,适合不同层次学生的需要。

5. 微课教学内容的设计

微课教学是以某个知识点为中心的教学视频和相关资料的整体。很多教师理解为将某个知识点的教学过程录制成视频,在微课教学中就出现了大量以教师讲述为主的微课,这已经不能算是微课了,相当于将课堂教学换到了网络教学,和传统教学就没有任何的区别,只能算是课堂教学的复制版。学生在观看微课视频的时候不会有任何的新鲜感,看到的依旧是教师枯燥乏味的讲解。微课教学内容是围绕某个知识点进行设计的,同时又具备导入、讲解、演练、思考、小结等部分,是一节微型的课。

有些教师在录制微课视频时,常常把课堂上 45 分钟要讲解的内容压缩到了 10 分钟以内的视频讲解上,有概念探究,有例题讲解,有例题运用,试图用一节微课视频来解决课堂上的所有问题,违背了微课教学短小精悍的宗旨。一般情况下,一节微课视频只说明一到两个知识点,最多不能超过三个,如果牵扯到其他的知识点或问题需详细讲解时,应另设一节微课。如果微课视频承载了过多内容和教学任务,学生短时间内消化不了,反而会造成较重的心理负担,结果会事与愿违。又由于过多的教学任务,要在 10 分钟内讲完,教师讲解语速过快,学生听起来很累,思维跟不上讲解的节奏,最终影响学习的效果。

微课讲授的时间有限,所以非常重视实效性。如何在有限的时间内化解难点、突出重点,就需要分清主次详略,该收则收,当放则放,这样才能让微课既简洁明了,又内涵丰厚。同时设计画面时,要减少无关讯息的展示,一个版面如果呈现太多内容,会分散学生的注意力,影响学生的观看效果。

微课视频的核心内容是对学科知识重难点的教授,教师在制作微课视频时,需要清楚所教授学生的知识基础,要根据学生的接受能力制作相应的微课视频,要明确教学目标、规划教学内容。教学目标可以分成总目标和分目标,教师应有一副清晰的"教学目标图",然后利用庞大的网络资源寻找教学素材,丰富微课教学视频,制作成符合学生理解范畴的微课视频。在讲授相关概念定理、定律、习题时,采用适合学生理解的方法方式,从不同的角度对重难点知识进行讲解与分析,帮助学生更好地理解与应用,这样才能引导学生进行深入的学习,扩展学生学习的视野。

教学内容应尽量开门见山,主题鲜明,清晰描述教学内容,展示知识的逻辑关系,将相关学科知识以直观、生动、易于理解的形式传授给学生。讲解时,还要准确把握语言的节奏,对于讲授的重点和关键部分,尽量放慢语速,详细分析。讲解的语言要得体,既准确生动,又富有感染力和亲和力。

在讲解知识时面对一些晦涩难懂的部分,教师可以呈现一些关键词或者利用字幕进行补充说明,使学生不仅看得清楚、听得明白,而且不容易产生审美疲劳,但不要像电影一样将整个教学过程都打出字幕。

微课除了讲解有趣、演示清楚外,还必须注重停顿,不能像其他课程一样讲个不停,要给学生留下一定的空白时间,或者提示学生"此处暂停"。数学、物理、化学、生物属于理工学科,更注重在理解基础上的应用能力,需要学生动手训练、强化巩固,这样才能达到长时记忆的目的。因此在微课教学之后,教师罗列配套训练,通过典型例题的练习,促进学生对知识点的运用,加深学生对知识点的理解,最终完成教学目标。不要直接给出答案,要给学生留下思考的时间,让学生模仿训练。学生通过练习,对知识的理解与掌握能力都会有较大的提升,可以最大限度地避免"知行脱节"的现象。

微课教学还强调学生要在学习基础理论知识的同时,对学生的情感和价值观起到升华的作用。在设计微课时,教师不仅仅要注重微课教学与知识相结合,同时还要把学科知识与日常生活经验相结合,让学生在学习过程中实现情感和价值观的升华。

6. 微课设计要注意师生互动

微课教学并不是说教师提前制作微课资源,发布给学生观看学习,就大功告成了,这样的教学是很难达到良好的教学效果的。在微课的制作和学生的学习过程中,师生互动是很有必要的,教学就是教师和学生产生互动的过程。

而当前很多教师不以为然,不仅在微课的制作上不考虑学生的兴趣,而且在应用完微课后也很少询问学生对微课的观点,和学生之间的互动更是少之又少。虽然微课的设计和录制一般没有学生参与,但是微课教学服务的对象就是学生,不反馈学生对于微课的学习效果,就无法判断微课教学的成果,不了解学生对于知识呈现方式的看法,微课设计就无法得到提升。无视学生对微课教学的看法,很容易使学生对微课教学失去兴趣。

因此在设计微课时,就需要教师课前做充分的准备,备教材、备教法、备学生、备课堂,尤其是备课堂,要时刻考虑到和学生之间的互动,这种互动包括和学生行为上的互动以及思想上的互动。在传统教学中，教师可以根据学生的反应情况，对课程做出灵活的安排，对学生出现的意外发散思维，做出合理引导，而微课视频的制作是在上课前，教师还没有上这节课，根本不知道在学生观看视频时会出现什么样的思维跳跃，也无法针对这种还未发生的问题做出引导，这就要求教师提前预见可能出现的各种情况，对教学任务做出合理的安排，对于知识的引导必须清晰明朗。所以，制作微课时，教师还必须时时想着学生，想象每一个环节中的学生活动。该提问时提问，该点拨时点拨，该评价时评价。尽管没有学生的实际参与，但讲解时必须脑中想着学生，眼里盯着学生，时时不忘学生。这样才能问得合理，点得到位，评得及时，更有效地指导学生的学习。

教师要详尽了解学生通过微课的学习掌握了哪些知识，还有哪些不足之处需要改进，就需要教师在网络中或课下多和学生进行互动，建立评论区，在微课结束后，让学生将自己的意见和不懂的知识点都写下来，教师和其他学生都可以进行回复，询问学生运用微课学习的情况，了解学生对微课内容的看法等等。比如设计微课学习反馈表，通过学生学习后的反馈，了解班级的整体情况，以此把握学生的掌握情况，并促进教师对微课教学的改进，使微课成为师生互动的媒介，更好地实现学科知识的传递。

当前微课在中学教学中的应用广泛，中学教师必须要找出微课制作和应用的创新点。在微课的录制形式上，中学教师需要果断地放弃讲述式的录制形式，尽可能地减少自己出镜的时间。某些教学内容可以采用师生合作录像的方式来完成，师生之间一问一答，通过两人对话的形式将知识完整的表述出来。学生观看两人对话比观看一个人讲授能获得更好的学习效果，通过视频中学生的发问，填补学生学习微课时产生的疑问，引导学生思考，一定程度上弥补了自主学习阶段师生互动环节的缺失，激发学生的思维，将知识的传授顺利而自然地完成下来。在视频中提出问题之后，可以提示学生暂停，给学生留出一个独立思考的时间，培养学生独立思考的习惯。另外，在微课视频讲解时要控制语言速度，对接学生思维的流速。教师不能按照自己的思维流速讲问题，而是要和学生思维的流速对接。通过控制语言速度，给学生思考的空间，使学生参与到微课的学习中来。

对于不同年级阶段的学生，由于知识的储备、思维的建立和学习的习惯不同，采取的方式也应有所不同。对于小学生而言，他们更注重学习内容的趣味性，如果只是教师单纯地讲解或演示，与课堂教学没有差异，学生学习的兴趣会降低。因此，要善于基于"小现象"，开发"小策略"，积累"小故事"。利用短小精悍的微课视频将复杂的知识点进行细分，由于生动的视频可以有效吸引学生的注意力，因此建议采用动画教学的方式来讲解或演示，即将真人授课视频做成Flash动画，强化教学的效果，既能调节学习气氛，也有利于学生对学习重点和难点的理解。而中学生心理较为成熟，对知识的接受能力较强，教师应更关注微课教学的实用性，微课内容可以单纯地直接讲授相关知识，需要注意讲授知识间的逻辑性和递进性，通过激发中学生对于知识的好奇心,吸引学生注意,抓住学生思维。

案例 以"饮食中的有机化合物"这一课的教学为例,教师除了介绍教材中的食物外,也可以介绍一下中学生喜欢的食物。比如中学生很喜欢吃小龙虾、膨化食品,喝碳酸饮料等。教师可以从学生喜欢的食物切入,在心理上和学生之间建立联系,这样中学生就会觉得教师制作的微课和自己息息相关,进而认可教师,愿意继续观看微课。

7. 微课的使用受到硬件的影响

微课的学习需要学生配备相应的多媒体播放设备,最好还具有网络接入功能,比较常见的就是手机,但是问题又来了:并不是每一个学生都配有手机,尤其是农村、偏远地区的学生,大多家境不富裕,学校也很难为每位学生配置平板,机房也无法满足每位学生的需求。同时,绝大多数的中小学不允许学生带手机进入校园,学生自控能力参差不齐,有的学生会利用手机查阅微课进行学习,而有些学生配备手机之后未必用来微课学习。所以,学生很难做到主动、反复地学习教师提供的微课。

微课视频制作完成后的发布传播也并非易事,许多教师在发布传播时感觉效果不佳,也就不愿意再多做尝试。微课资源的发布需要一个平台,师生通过平台上传、下载微课资源,也可以在平台上提问、解答,发布平台的选择和搭建也是一个亟待解决的难题。关于微课平台的选择,建议选择成熟的第三方平台,这样可以将微课资源快速传播出去。很多教师都选择微信来发布,其主要的方式是建立本校或者本学科的公众号、小程序定期进行微课视频的发布。公众号相对来说会比小程序更容易搭建,但功能比较单一,不能满足师生问答的需要,而小程序呈现的形式就比较多样化,同时搭建的难度也比较大,需要有代码编辑的基础。有的学校利用校园网、相关 APP 或者学校自主开发的其他形式信息群推送微课。这些平台技术成熟、操作方便、管理简单,学生利用移动终端登陆就可以进行学习。

6.3 来自教师的问题

1. 教师观念的局限

基于微课资源的翻转课堂教学模式的推广,与教师的观念是密不可分的,这不仅是教学模式和学习方式的翻转,而且需要教师教学观念的巨大转变。许多中学教师仍然坚持以教为主的教育理念,教师在课堂上有着绝对权威,而在微课教学的课堂中,学生与教师关系是平等的,或者更像是朋友关系,在教学中师生之间可以比较自由地进行讨论与交流,甚至是辩解,对这种课堂角色的变化,不少教师很难适应。

2. 要加强微课实践的研究

在当今多媒体技术快速发展的时代,微课可以灵活运用,是一种常见的教学模式或者教学辅助手段,可以切实地满足学生的真实需求,成为其课前预习、课后复习的好助手。近年来,国内、外教学领域上有关微课的研究日渐增多,但不管是国外盛行的翻转课堂,还是国内各种形式的微课大赛,大多关注如何运用、开发微课资源,而对于探究微课在具体学科中的实践应用为数不多。因此,需要广大教育工作者以中学学科的课程特点为基础,从微课教学的内涵逐步深入到这一学科的具体实施与应用上,通过实践教学,撰写教学体验,完成微课教学在各个学科中的渗透。

3. 要锻炼教师课堂的驾驭能力

将微课教学应用于翻转式课堂,让学生进行课前学习,课堂讨论。在课堂交流讨论的过程中,班级气氛相对比较活跃,有的班级甚至出现学生为了争论某一题的解题方法而乱成一团的现象。对于这种状况,需要教师具有卓越的课堂驾驭能力,能够把握课堂走向,引领教学方向。任课教师也可以提前把学生的分组活动、讨论内容等具体事宜进行详细的安排,避免出现混乱的课堂秩序,影响到正常的小组学习。

4. 微课制作不是一劳永逸的

微课教学资源的制作并不是一劳永逸的,教师应该关注学生的差异性,因材施教。即使是同一个班的学生,接受能力也有所不同,不可能完全按照同一个教学进度进行,这样有可能再次出现"好学生吃不饱,差学生吃不了"的局面,这就需要教师对班级学生的情况进行全面了解,根据不同层次学生的需要制作、甄选不同教学目标的微课资源,这样做势必会增加工作量,一个教师难以完成,这就需要教师们互相合作,资源共享。

教师也可以在网络资源中搜索与自己教学内容相符的视频资源作为课程教学内容,但是网络上的教育资源可能会与自身的课程目标、课程内容不完全相符。因此,教师还要结合教材、自身、学生等因素进行调整和剪辑,然后录制符合自己教学特色的视频。

5. 实现微课和课堂教学的结合

微课虽然是一种线上教学形式,但微课中同样需要学生亲自实践的内容,因此教师在设计一些微课时可以让学生参与微课制作。通过协作制作微课,能在师生之间建立更亲密的关系,也让学生在录制微课的过程中实现知识的实践和运用。

比如在学习"垃圾的妥善处理和利用"这一课的时候,涉及垃圾的分类、垃圾的再利用等内容,教师可以根据这一课的几个知识点,将学生分配为几个小组,让学生自己选择知识点进行微课的录制。在选择好知识点之后,学生可以根据微课的特点及所制作微课的主要内容,在生活中采集制作微课需要的素材,并将其拍成图片或视频加入到微课中。在此过程中,学生不仅熟悉了一些垃圾分类的知识点,而且实际参与到垃圾分类的行动中,了解了各种垃圾应该归到哪个类别,以及不同垃圾会产生哪些不同的危害。这就增强了学生在微课中的参与度,也使学生在微课的制作中更好地理解学科知识、运用学科知识。

结 束 语

当代学生在网络技术空前发达的环境中成长,他们的心态和行为受到了很大影响,学习内容和学习方式也发生了变化,学生不愿只是记忆与被动地接受知识,这些为多媒体技术应用到课堂教学中做了铺垫。

近几年来,微课以其灵活便捷这一强大的教学优势,迅速在教学中得到广泛的应用。作为信息化发展背景下诞生的一种在线教学模式,微课可以广泛地应用于辅助教学中,又以其强大的互联网传播能力,使教学的时空外延,有利于培养学生自主、合作、学习的能力。

从学生层面来说,适当使用微课视频能够使学生集中注意力、提高课堂效率、提升研究能力、加深知识理解、打破学习空间和时间的限制等等。学生通过微课自主地学习,可以根据自己对知识点掌握的情况,针对性地选择合适的微课进行自主学习,这样就能改变以往教师课堂授课只讲一次、学生来不及掌握的情况。微课的使用可以有效分散知识的重难点,提高学生对知识的接受能力,实现了学生从以往被动接受知识向主动研究知识的转变。

从教师层面来说,教师通过微课的制作,将知识点更加直观形象地展现出来,相当于一次模拟教学,也会对其教学水平的提升起到促进作用。微课的使用节约了备课时间,强化了备课效果,在课堂中使用微课视频可以提高教师专业能力与素养、丰富教学方法以及树立现代教育教学观念等,促进师生共同成长。教师在进行教学时除了要注重知识的传播外,还应该引导学生进行自主学习,学生通过自主学习,完成教学的大部分内容,教师不再利用大部分时间对基础知识进行详细讲解,而是在课堂上开展高效的指导与点拨,最终实现培养学生主动学习习惯与自主学习能力的目标,充分展现教师的主导地位和学生的主体地位。为了更好地加强高效教学的实施,打造基于微课的高效课堂教学,就需要教师切实注重自身作用的发挥。

从教育教学层面来说,微课的使用实现了因材施教,实现了从单纯的传授知识向引导学生对知识探究的转变,也实现了课堂讲授和课后作业向课前学习与课堂探究的质变。

基于微课的翻转课堂另一大优势就是可以节约课堂时间。在组织实施教学的过程中,将大部分时间留给学生和教师一同探究教学内容的重点和难点,学生可以有效利用课余时间,通过多媒体网络开展独立自主的学习,带着问题走进课堂,这样就可以提高教学效率。与此同时,翻转课堂教学模式的应用,有利于培养学生的合作意识与探究精神。基于此,在教学中,教师应该积极构建翻转课堂教学模式,转变传统教学思路,激发学生学习兴趣,培养学生的科学探究精神,提高学生学科核心素养。

作为课堂教学的有效补充形式,微课不仅注重以生为本的基本原则,树立学生学习的主体地位,将学习的主动权归还给学生,也满足了学习者个性化选择、深度学习的需求。

微课的个性化定制教学是一大亮点,阅读同一本书是无法实现个性化教学的。通过微课资源分解知识点的能力,展现出不同的教育教学方式,丰富教育教学资源才能够实现个性化教学。学生在自主学习的情况下,通过对自身学习情况的判断,找到自身知识掌握的薄弱环节,利用微课资源弥补自身学科上的不足,追寻新知识。

此外,在翻转课堂的教学模式中,可以创设一个愉快的学习氛围,从学生学习的角度出发,培养学生的主动学习能力,这样学生由个人学习的被动地位,成为群体学习活动的积极探索者,充分发挥学生的学习主体作用,还可以实现教学情境和教学内容的深度融合,激发学生的学习热情和求知欲。

每一项科学技术的出现,在刚开始的时候都会给人们熟悉的生活、生产带来各种"不适",有些人倍感欣喜,有些人焦虑不安,最终都会改变我们平静的生活状态,改变我们固有的生产结构,改变我们适应的社会分工,这都是时代发展的必然现象。历史的发展轨迹告诉我们,我们不仅没有停下科学发展的脚步,而且在这条路上越走越宽,越走越快。这是因为,当我们度过了新技术带来的"不适"之后,就会惊奇地发现,我们的生产效率得到了量的进步、质的飞跃,生活品质也得到了显著提升。

未来的世界是以信息技术为主导的,微课教学是互联网技术高度发展的必然产物,符合时代发展主题,顺应学生的个性特点,吸引学生从多个角度理解知识,从而有效地促进课堂教学效率的提升。对于这样的新鲜事物,我们要用一种包容的眼光去看待它,积极主动地了解、学习微课教学的理念,全面剖析微课教学的优势的同时,也要及时发现微课教学的不足,通过前赴后继的教育工作者不断的尝试和修正,优化微课教学模式,让微课教学更加适合我们的教学节奏和教育发展,也让当代教育搭载上科学技术的发展成果。

参 考 文 献

[1] 胡铁生. 微课给教育带来了什么改变[J]. 中小学信息技术教育,2018(Z2): 84-86.

[2] 胡铁生. 微课设计的六种实用技巧[J]. 中国信息技术教育,2017(23):8-10.

[3] 黄晓冰,胡铁生."助学型"微课教学设计策略[J]. 数字教育,2016,2(4): 64-70.

[4] 梅原寒,南俊民. 中学化学微课教学讨论[J]. 亚太教育,2015(15):45-47.

[5] 林增辉. 挖掘和发挥微课在高中化学中的教学功能[J]. 化学教与学,2015 (4):20-21.

[6] 何弘水. 微课在化学实验教学中的应用[J]. 中国继续医学教育,2015,7(7): 9-10.

[7] 刘春玲. 基于翻转课堂的中学化学微课的教学设计研究[D]. 南充:西华师范大学,2015.

[8] 陈珍,冯海,王卫东,等. 微课在生物化学实验教学中的应用[J]. 湖北师范学院学报(自然科学版),2015,35(1):115-118.

[9] 黄图伦. 微课在初中化学教学中的应用探讨[J]. 中国教育技术装备,2015 (5):50-51.

[10] 李建芹. 初探小学数学教学中微课的应用[J]. 中国教育技术装备,2015(3): 121-122.

[11] 张丽君,周信军. 谈微课辅助教学的有效性[J]. 化学教与学,2015(1): 16-17.

[12] 杨茵."微课"在化学教学中运用几问[J]. 化学教学,2014(12):49-50.

[13] 周敏. 构建初中化学翻转课堂教学模式的探讨[J]. 教育教学论坛,2014 (50):234-235.

[14] 郑君芳,贺俊崎."微课"与"翻转课堂"应用于生物化学教学的初步探析[J]. 继续医学教育,2014,28(11):71-73.

[15] 杜慧,张换平,王书红,等. 微课程在化学实验教学中的应用[J]. 安阳工学院学报,2014,13(6):102-105.

[16] 庄迎娟. 浅析微课在高中数学教学中的应用与反思[J]. 才智,2014 (32):191.

[17]　胡铁生.还原中小学微课本质[N].中国教育报,2014-11-05(6).
[18]　胡铁生.微课程的属性认识与开发建议[J].中小学信息技术教育,2014(10):13-15.
[19]　邓菊丽,陈国荣."微课"教学模式研究及实践[J].重庆科技学院学报(社会科学版),2014(9):153-155.
[20]　陈德珍.微课在化学教学中的辅助应用[J].科技展望,2014(17):72.
[21]　刘赣洪,何秋兰.微课在中小学教学中的适用性研究:以首届中国微课大赛获奖作品为例[J].上海教育科研,2014(8):11-14.
[22]　王秀兰.微课程在数学教学中的应用[J].数学学习与研究,2014(15):109-110.
[23]　陈心忠.关于开发高中化学"微课"教学设计的几点思考[J].中学化学教学参考,2014(11):16-17.
[24]　胡铁生.微课建设的误区与发展建议[J].教育信息技术,2014(5):33-34.
[25]　陈广余.微课,让化学教学更具个性化[J].化学教学,2014(5):25-28.
[26]　赖艳,侯咏娴,赵姣姣.翻转课堂初探:微课在小学数学中的应用[J].中小学信息技术教育,2014(3):36-39.
[27]　郑荣玉.高中微课教学促进教与学的变革[J].教育信息技术,2014(1):35-37.
[28]　孙丽梅,吴华.现代信息技术支持下的数学微课教学[J].科教导刊(中旬刊),2013(12):65-66.
[29]　潘超.数学微型课及其教学设计[J].内江师范学院学报,2010,25(2):80-83.